국제토셀위원회

TOSEL®
예상문제집

개정판

Basic

Junior

High Junior

BASIC

TOSEL 기출 문제 5회 수록
국제토셀위원회 공식 교재

국제토셀위원회

CONTENTS

정답 및 해설 별책

About this book

1 Actual Test

토셀 최신 유형을 반영하여
실전 모의고사를 5회 실었습니다.
수험자들의 토셀 시험 대비 및
적응력 향상에 도움이 됩니다.

2 Appendix

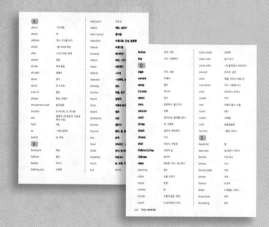

필수 어휘를 포함해 모의고사
빈출 어휘 목록을 수록했습니다.
평소 어휘 정리뿐만 아니라
시험 직전 대비용으로 활용 가능합니다.

3 Answer

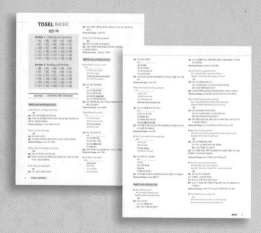

자세한 해설과 문제 풀이로
오답 확인 및 시험 대비를 위한 정리가 가능합니다.

TOSEL® Level Chart   TOSEL 단계표

COCOON
아이들이 접할 수 있는 공식 인증 시험의 첫 단계로써, 아이들의 부담을 줄이고
즐겁게 흥미를 유발할 수 있도록 컬러풀한 색상과 디자인으로 시험지를 구성하였습니다.

Pre-STARTER
친숙한 주제에 대한 단어, 짧은 대화, 짧은 문장을 사용한 기본적인 문장표현 능력을 측정합니다.

STARTER
흔히 접할 수 있는 주제와 상황과 관련된 주제에 대한 짧은 대화 및 짧은 문장을 이해하고
일상생활 대화에 참여하며 실질적인 영어 기초 의사소통 능력을 측정합니다.

BASIC
개인 정보와 일상 활동, 미래 계획, 과거의 경험에 대해 구어와 문어의 형태로 의사소통을
할 수 있는 능력을 측정합니다.

JUNIOR
일반적인 주제와 상황을 다루는 회화와 짧은 단락, 실용문, 짧은 연설 등을 이해하고 간단한
일상 대화에 참여하는 능력을 측정합니다.

HIGH JUNIOR
넓은 범위의 사회적, 학문적 주제에서 영어를 유창하고 정확하게, 효과적으로 사용할 수 있는
능력 및 중문과 복잡한 문장을 포함한 다양한 문장구조의 사용 능력을 측정합니다.

ADVANCED
대학 및 대학원에서 요구되는 영어능력과 취업 또는 직업근무환경에 필요한 실용영어능력을
측정합니다.

ADVANCED
대학생,직장인

HIGH JUNIOR
고등학생

JUNIOR
중학생

BASIC
초등 5,6학년

STARTER
초등 3,4학년

Pre-STARTER
초등 1,2학년

COCOON
유치원생

COCOON	Pre-STARTER	STARTER	BASIC	JUNIOR	HIGH JUNIOR	ADVANCED
영어의 첫 걸음 단계	영어를 시작하는 단계	영어의 밑바탕을 다지는 단계	영어의 도약 단계	영어의 실전 단계	영어의 고급화 단계	영어의 완성 단계

About TOSEL®

TOSEL은 각급 학교 교과과정과 연령별 인지단계를 고려하여 단계별 난이도와 문항으로
영어 숙달 정도를 측정하는 영어 사용자 중심의 맞춤식 영어능력인증 시험제도입니다.
평가유형에 따른 개인별 장점과 단점을 파악하고, 개인별 영어학습 방향을 제시하는 성적분석자료를 제공하여
영어능력 종합검진 서비스를 제공함으로써 영어 사용자인 소비자와
영어능력 평가를 토대로 영어교육을 담당하는 교사 및 기관 인사관리자인 공급자를
모두 만족시키는 영어능력인증 평가입니다.

TOSEL은 인지적-학문적 언어 사용의 유창성 (Cognitive-Academic Language Proficiency, CALP)과
기본적-개인적 의사소통능력 (Basic Interpersonal Communication Skill, BICS)을
엄밀히 구분하여 수험자의 언어능력을 가장 친밀하게 평가하는 시험입니다.

대상	목적	용도
유아, 초, 중, 고등학생, 대학생 및 직장인 등 성인	한국인의 영어구사능력 증진과 비영어권 국가의 영어 사용자의 영어구사능력 증진	실질적인 영어구사능력 평가 + 입학전형 및 인재선발 등에 활용 및 직무역량별 인재 배치

연혁

2002.02	국제토셀위원회 창설 (수능출제위원역임 전국대학 영어전공교수진 중심)
2004.09	TOSEL 고려대학교 국제어학원 공동인증시험 실시
2006.04	EBS 한국교육방송공사 주관기관 참여
2006.05	민족사관고등학교 입학전형에 반영
2008.12	고려대학교 편입학시험 TOSEL 유형으로 대체
2009.01	서울시 공무원 근무평정에 TOSEL 점수 가산점 부여
2009.01	전국 대부분 외고, 자사고 입학전형에 TOSEL 반영 (한영외국어고등학교, 한일고등학교, 고양외국어고등학교, 과천외국어고등학교, 김포외국어고등학교, 명지외국어고등학교, 부산국제외국어고등학교, 부일외국어 고등학교, 성남외국어고등학교, 인천외국어고등학교, 전북외국어고등학교, 대전외국어고등학교, 청주외국어고등학교, 강원외국어고등학교, 전남외국어고등학교)
2009.12	청심국제중·고등학교 입학전형 TOSEL 반영
2009.12	한국외국어교육학회, 팬코리아영어교육학회, 한국음성학회, 한국응용언어학회 TOSEL 인증
2010.03	고려대학교, TOSEL 출제기관 및 공동 인증기관으로 참여
2010.07	경찰청 공무원 임용 TOSEL 성적 가산점 부여
2014.04	전국 200개 초등학교 단체 응시 실시
2017.03	중앙일보 주관기관 참여
2018.11	관공서, 대기업 등 100여 개 기관에서 TOSEL 반영
2019.06	미얀마 TOSEL 도입 발족식
	베트남 TOSEL 도입 협약식
2019.11	고려대학교 편입학전형 반영
2020.06	국토교통부 국가자격시험 TOSEL 반영
2021.07	소방청 간부후보생 선발시험 TOSEL 반영
2021.11	고려대학교 공과대학 기계학습·빅데이터 연구원 AI 연구 협약
2022.05	AI 영어학습 플랫폼 TOSEL Lab 공개
2023.11	고려대학교 경영대학 전국 고등학생 대상 정기캠퍼스 투어 프로그램 후원기관 참여
2024.01	제1회 TOSEL VOCA 올림피아드 실시
2024.03	고려대학교 미래교육원 TOSEL 전문가과정 개설

Evaluation ——————— 평가

평가의 기본원칙

TOSEL은 PBT(PAPER BASED TEST)를 통하여 간접평가와 직접평가를 모두 시행합니다.

TOSEL은 언어의 네 가지 요소인 읽기, 듣기, 말하기, 쓰기 영역을 모두 평가합니다.

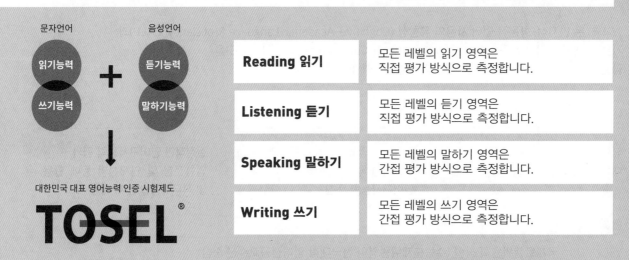

문자언어		음성언어
읽기능력	+	듣기능력
쓰기능력		말하기능력

↓

대한민국 대표 영어능력 인증 시험제도

TOSEL®

Reading 읽기	모든 레벨의 읽기 영역은 직접 평가 방식으로 측정합니다.
Listening 듣기	모든 레벨의 듣기 영역은 직접 평가 방식으로 측정합니다.
Speaking 말하기	모든 레벨의 말하기 영역은 간접 평가 방식으로 측정합니다.
Writing 쓰기	모든 레벨의 쓰기 영역은 간접 평가 방식으로 측정합니다.

TOSEL은 연령별 인지단계를 고려하여 아래와 같이 7단계로 나누어 평가합니다.

1 단계	TOSEL® COCOON	5~7세의 미취학 아동
2 단계	TOSEL® Pre-STARTER	초등학교 1~2학년
3 단계	TOSEL® STARTER	초등학교 3~4학년
4 단계	TOSEL® BASIC	초등학교 5~6학년
5 단계	TOSEL® JUNIOR	중학생
6 단계	TOSEL® HIGH JUNIOR	고등학생
7 단계	TOSEL® ADVANCED	대학생 및 성인

Grade Report —————— 성적표 및 인증서

고도화 성적표: 응시자 개인별 최적화 AI 정밀진단

20여년간 축적된 약 100만명 이상의 엄선된 응시자 빅데이터를 TOSEL AI로 분석 · 진단한 개인별 성적자료

전국 단위 연령, 레벨 통계자료를 활용하여 보다 정밀한 성취 수준 판별

파트별 강/약점, 영역별 역량, 8가지 지능, 단어 수준 등을 비교 및 분석하여 폭넓은 학습 진단

오답 문항 유형별 심층 분석 자료 및 솔루션으로 학습 방향 제시, TOSEL과 수능 및 교과학습 성취기준과의 연계

모바일 기기 지원 – UX/UI 개선, 반응형 웹페이지로 구현되어 태블릿, 휴대폰, PC 등 다양한 기기 환경에서 접근 가능

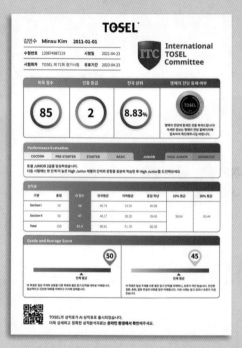

기본 제공 성적표

고도화 성적표 (일부 유료)

단체 성적 분석 자료

단체 및 기관 대상

- 레벨별 평균성적추이, 학생분포
  섹션 및 영역별 평균 점수, 표준편차

TOSEL Lab 지정교육기관 대상 추가 제공

- 원생 별 취약영역 분석 및 보강방안 제시
- TOSEL수험심리척도를 바탕으로 학생의 응답 특이성을
  파악하여 코칭 방안 제시
- 전국 및 지역 단위 종합적 비교분석
  (레벨/유형별 응시자 연령 및 규모, 최고득점 등)

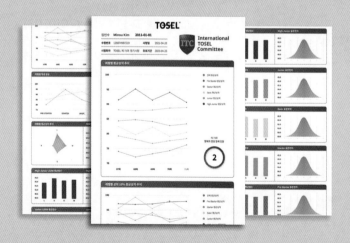

'토셀 명예의 전당' 등재

특별시, 광역시, 도 별 **1등 선발**
(7개시 9개도 **1등 선발**)

*홈페이지 로그인 – 시험결과 – 명예의 전당에서
해당자 등재 증명서 출력 가능

'학업성취기록부'에 토셀 인증등급 기재

개인별 **'학업성취기록부'** 평생 발급
진학과 취업을 대비한 **필수 스펙관리**

인증서

대한민국 초,중,고등학생의 영어숙달능력 평가 결과 공식인증

고려대학교 인증획득 (2010. 03)

한국외국어교육학회 인증획득 (2009. 12)

한국음성학회 인증획득 (2009. 12)

한국응용언어학회 인증획득 (2009. 11)

팬코리아영어교육학회 인증획득 (2009. 10)

Actual Test 1

Section I

Listening and Speaking

Part **A** *Listen and Recognize*

5 Questions

Part **B** *Listen and Respond*

5 Questions

Part **C** *Listen and Retell*

15 Questions

Part **D** *Listen and Speak*

5 Questions

PART Listen and Recognize

Directions: You will hear English sentences. The sentences will be spoken TWICE. Listen carefully and choose the most suitable picture.

지시사항   1번에서 5번까지는 영어문장을 듣고, 들은 내용과 가장 관련 있는 그림을 고르는 문제입니다. 영어문장은 **두 번** 들려줍니다.

1.

(A)

(B)

(C)

(D)

2.

(A)

(B)

(C)

(D)

3.

(A)   (B)   (C)   (D)

4.

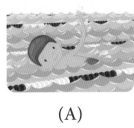   

(A)   (B)   (C)   (D)

5.

 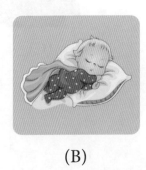  

(A)   (B)   (C)   (D)

PART B Listen and Respond

Directions: You will hear English sentences and answer choices (A), (B), (C), and (D). The sentences and the choices will be spoken TWICE. Listen carefully and choose the most suitable answer.

지시사항 6번부터 10번까지는 영어 문장을 듣고, 들은 말에 대한 가장 알맞은 대답을 고르는 문제입니다. 영어질문과 보기는 **두 번** 들려주며 (A), (B), (C), (D) 중에서 하나를 고르세요.

6. Mark your answer on your answer sheet.

7. Mark your answer on your answer sheet.

8. Mark your answer on your answer sheet.

9. Mark your answer on your answer sheet.

10. Mark your answer on your answer sheet.

Directions: You will hear short talks or conversations. They will be spoken TWICE. Listen carefully, read each question and choose the best answer.

지시사항   11번부터 25번까지는 짧은 대화나 이야기를 **두 번** 듣고, 주어진 질문에 가장 알맞은 답을 고르는 문제입니다. 🎧

11. Where is the dog?

(A)

(B)

(C)

(D)

12. Where were the boy's skates?

(A)

(B)

(C)

(D)

13. What are they doing?

(A)

(B)

(C)

(D)

14. Where are they?

    (A) in a swimming pool

    (B) in a restaurant

    (C) in the kitchen

    (D) in the bathroom

15. What are they going to do?

    (A) feed the dog

    (B) walk the dog

    (C) wash the dog

    (D) play with the dog

16. Where is the girl going for her vacation?

    (A) to a river

    (B) to a farm

    (C) to a beach

    (D) to the mountains

17. When does the party begin?

    (A) at three o'clock

    (B) at four o'clock

    (C) at five o'clock

    (D) at six o'clock

18. Where does the hamster live?

   (A) in a box

   (B) in a cage

   (C) in a bowl

   (D) in a basket

19. What does Austin have?

   (A) a frog

   (B) a bird

   (C) a puppy

   (D) a mouse

[20-21]

20. What did the boy recieve for his birthday?

   (A) a photo

   (B) a camera

   (C) a balloon

   (D) a picture book

21. What was on the dining table?

   (A) a cake

   (B) a plant

   (C) a picture

   (D) a balloon

[22-23]

22. When does **the girl and her** family have watermelons?

(A) on hot days

(B) on cold days

(C) on rainy days

(D) on snowy days

23. Who is the winner of the game?

(A) the one who eats the most watermelon

(B) the one who finds the biggest watermelon

(C) the one with the biggest piece of watermelon

(D) the one who finds the most watermelon seeds

[24-25]

24. Where is the field?

(A) by the park

(B) by the school

(C) by the church

(D) by the supermarket

25. What did the boy learn during class?

(A) how to kick a ball

(B) how to catch a ball

(C) how to throw a ball

(D) how to bounce a ball

Directions: You will hear conversations in English. They will be spoken TWICE. After you listen to the conversations, read each question and choose the best response to what the last speaker says.

지시사항 26번부터 30번까지는 대화를 영어로 **두 번** 듣고, 대화의 마지막 질문이나 마지막 말 뒤에 이어질 가장 알맞은 응답을 주어진 질문에 맞게 고르는 문제입니다.

26. What's next?

(A) I'll see tigers.

(B) That'll be fun.

(C) You can come.

(D) It's my birthday today.

27. What's next?

(A) I like your new gloves.

(B) I don't need these now.

(C) I'm going to plant flowers with my mom.

(D) I'm going to buy gloves.

28. What's next?

(A) That's okay.

(B) I'm searching for it.

(C) I can open it now.

(D) Help yourself.

29. What's next?

(A) Let's make lunch.

(B) Thanks, I'll have one.

(C) Sure, I'll make another one.

(D) You make good sandwiches.

30. What's next?

(A) It doesn't taste like apple pies.

(B) This pie is fresh from the oven.

(C) Try this chocolate cream pie.

(D) I love pumpkin pies.

Section II

Reading and Writing

Part Ⓐ *Sentence Completion*
5 Questions

Part Ⓑ *Situational Writing*
5 Questions

Part Ⓒ *Practical Reading and Retelling*
10 Questions

Part Ⓓ *General Reading and Retelling*
10 Questions

Directions: You will see conversations with blanks. Read carefully and choose one which best completes the blanks.

지시사항 1번에서 5번까지는 빈칸을 알맞게 채워 대화를 완성하는 문제입니다. 가장 알맞은 답을 고르세요.

1. A: How much does it cost?
   B: It _____ 5 dollars.

   (A) cost
   (B) costs
   (C) costed
   (D) costing

2. A: Is Mr. Lee a dentist?
   B: No, he _____.

   (A) isn't
   (B) didn't
   (C) wasn't
   (D) doesn't

3. A: Where is the toy car?
   B: It's _____ the sofa.

   (A) as
   (B) from
   (C) towards
   (D) under

4. A: _____ is the weather today?
   B: It's cloudy.

   (A) How
   (B) Who
   (C) When
   (D) Where

5. A: What did you do on Saturday?
   B: I _____ my grandparents.

   (A) will visit
   (B) visit
   (C) visited
   (D) visiting

Directions: You will see pictures and incomplete sentences. Choose the one which best completes the sentences.

지시사항 6번부터 10번까지는 그림을 보고 문장을 완성하는 문제입니다. 가장 알맞은 답을 고르세요.

6.

Grandfather likes taking a walk

_____.

(A) with his granddaughter

(B) with his grandson

(C) with his dog

(D) with his backpack

7.

There is a cat _____ a dog.

(A) on

(B) next to

(C) between

(D) under

8.

They are _____.

   (A) talking to other people

   (B) doing homework together

   (C) taking a break in the park

   (D) eating lunch at a restaurant

9.

Andy is _____.

   (A) on the beach

   (B) on the playground

   (C) at the swimming pool

   (D) at an amusement park

10.

My brother Alex is _____ than my sister Joanna.

   (A) shorter and slower

   (B) shorter and faster

   (C) taller and slower

   (D) taller and faster

Directions: You will see practical reading materials. Each reading material is followed by questions about it. Choose the best answer to each question.

지시사항 11번부터 20번까지는 실용적 읽기자료에 관련된 문제입니다. 각 읽기자료 다음에는 질문이 제시됩니다. 각 질문에 해당하는 가장 알맞은 답을 고르세요.

For questions 11 – 12, refer to the following information.

Name: Barry Bonds

Baseball Team: San Francisco Giants

Height: 185 cm

Weight: 100 kg

Age: 42

Baseball Position: Outfielder

Special Information: Only player ever to win seven MVP awards.

Holds the single-season record for home runs with 73 in 2001.

11. What sport does Barry Bonds play?

(A) basketball

(B) baseball

(C) soccer

(D) badminton

12. How many MVP awards did he win?

(A) 1

(B) 6

(C) 7

(D) 17

For questions 13 – 14, refer to the following picture.

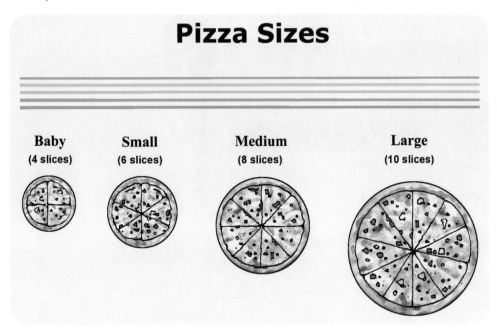

13. How many slices are in a baby pizza?

   (A) 4

   (B) 6

   (C) 8

   (D) 10

14. Which pizza has the most slices?

   (A) baby

   (B) small

   (C) medium

   (D) large

For questions 15 – 16, refer to the following information.

Blue Mountain Sports Camp (Ages 9-11)

	3-Day Camp	6-Day Camp
Summer Camp	$399	$899
Fall Camp	$299	$599
Spring Camp	$299	$699

15. How much is a 6-day camp in spring?

(A) $299

(B) $599

(C) $699

(D) $899

16. Which camp is the most expensive?

(A) 3-Day Fall Camp

(B) 3-Day Spring Camp

(C) 6-Day Summer Camp

(D) 6-Day Spring Camp

For questions 17 – 18, refer to the following schedule.

Class Schedule

Time	
8:20 - 10:10	English
10:10 - 10:20	Snack
10:20 - 10:40	Break
10:40 - 11:00	Student Reading
11:00 - 12:10	Math
12:10 - 12:55	Lunch
12:55 - 1:15	Story time with Teacher
1:15 - 2:15	Science
2:15 - 2:30	Homework / Clean up
2:30 - 2:55	Gym
2:55	Go home

17. When can students have a snack?

(A) 10:10

(B) 10:30

(C) 11:00

(D) 12:00

18. Where would you most likely see this schedule?

(A) at the train station

(B) in a restaurant

(C) at the airport

(D) in a classroom

For questions 19 – 20, refer to the following information.

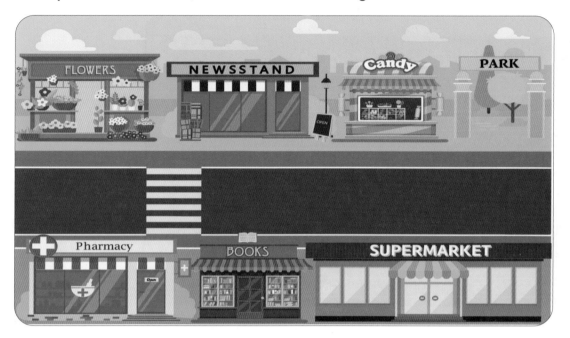

19. Which store is the largest?

(A) bookstore

(B) flower shop

(C) newsstand

(D) supermarket

20. Which store is next to the park?

(A) candy shop

(B) bookstore

(C) supermarket

(D) pharmacy

Directions: You will see various reading materials. Each reading material is followed by questions about it. Choose the best answer to each question.

지시사항 21번부터 30번까지는 다양한 읽기 자료에 관련된 문제입니다. 각 읽기 자료 다음에는 질문이 제시됩니다. 각 질문에 해당하는 가장 알맞은 답을 고르세요.

For questions 21 – 22, refer to the following passage.

Lucas loves to watch TV. Every afternoon before he watches TV, he practices the piano. He doesn't like to play, but he is very good at playing the piano. His mom likes to listen to him play and Lucas likes to see his mom smile.

21. What does Lucas love to do?

(A) study English

(B) play piano

(C) watch TV

(D) listen to music

22. When does Lucas play the piano?

(A) every morning

(B) every evening

(C) every night

(D) every afternoon

For questions 23 – 24, refer to the following passage.

My name is Carla. I like going to the park. My older brother Jason also likes to go to the park. We often go together and play catch. Sometimes we ride bikes and play badminton.

23. Who is Jason?

(A) Carla's dog

(B) Carla's dad

(C) Carla's friend

(D) Carla's brother

24. What do Carla and Jason NOT do in the park?

(A) play catch

(B) ride their skateboards

(C) play badminton

(D) ride their bikes

For questions 25 – 26, refer to the following passage.

My dad is a cook. He works in a restaurant. He cooks my favorite food on Fridays. I always ask for pizza because I love cheese. My dad makes the best pizza in town. Many people visit my dad's restaurant. My English teacher, Ms. Wamback, is a regular customer. She always eats chocolate cake there.

25. Who is the writer's dad?

(A) a farmer

(B) a chef

(C) a teacher

(D) an office worker

26. What does Ms. Wamback like to eat?

(A) chocolate cake

(B) cheese pizza

(C) cheese cake

(D) chocolate pizza

For questions 27 – 28, refer to the following passage.

Skiing is a very popular winter sport. You ride on two narrow pieces of wood or plastic over snow. Before it was a sport, skiing was only used for travel. For thousands of years, people skied long distances to get to places. Skiing first became a popular sport in the mid-1800s and was added to the Winter Olympics in 1924.

27. When did Olympic skiing start?

(A) in 1890

(B) in 1924

(C) in 1946

(D) in 1975

28. Why did people first ski?

(A) to race

(B) to do tricks

(C) to travel

(D) to work

For questions 29 – 30, refer to the following passage.

Sarah's evening schedule is busy. First, her parents cook dinner, and the whole family eats it together. After dinner, Sarah does the dishes. Then, she does her homework while her older brother Albert plays tennis. When Sarah finishes her homework, she likes to play on the computer. Before going to bed, Sarah brushes her teeth.

29. What does Albert do?

(A) do dishes

(B) cook dinner

(C) play tennis

(D) play on the computer

30. What does Sarah do right after dinner?

(A) turn on her computer

(B) brush her teeth

(C) do homework

(D) do the dishes

Actual Test ❷

Section I

음원 QR 코드

Listening and Speaking

Part **A** *Listen and Recognize*
5 Questions

Part **B** *Listen and Respond*
5 Questions

Part **C** *Listen and Retell*
15 Questions

Part **D** *Listen and Speak*
5 Questions

PART Listen and Recognize

Directions: You will hear English sentences. The sentences will be spoken TWICE. Listen carefully and choose the most suitable picture.

지시사항   1번에서 5번까지는 영어문장을 듣고, 들은 내용과 가장 관련 있는 그림을 고르는 문제입니다. 영어문장은 **두 번** 들려줍니다.

1.

(A)   (B)   (C)   (D)

2.

(A)   (B)   (C)   (D)

3.

(A)   (B)   (C)   (D)

4.

(A)   (B)   (C)   (D)

5.

(A)   (B)   (C)   (D)

Directions: You will hear English sentences and answer choices (A), (B), (C), and (D). The sentences and the choices will be spoken TWICE. Listen carefully and choose the most suitable answer.

지시사항 6번부터 10번까지는 영어 문장을 듣고, 들은 말에 대한 가장 알맞은 대답을 고르는 문제입니다. 영어질문과 보기는 **두 번** 들려주며 (A), (B), (C), (D) 중에서 하나를 고르세요.

6. Mark your answer on your answer sheet.

7. Mark your answer on your answer sheet.

8. Mark your answer on your answer sheet.

9. Mark your answer on your answer sheet.

10. Mark your answer on your answer sheet.

Directions: You will hear short talks or conversations. They will be spoken TWICE. Listen carefully, read each question and choose the best answer.

지시사항   11번부터 25번까지는 짧은 대화나 이야기를 **두 번** 듣고, 주어진 질문에 가장 알맞은 답을 고르는 문제입니다.

11. What does the girl want?

   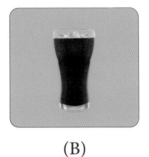      

(A)   (B)   (C)   (D)

12. What does the boy's sister do?

(A)   (B)   (C)   (D)

13. What does the girl want to play?

(A)   (B)   (C)   (D)

14. How does the girl feel?

    (A) She's hot.

    (B) She's sleepy.

    (C) She's hungry.

    (D) She's thirsty.

15. Why is the girl's sister happy?

    (A) It's a beautiful day.

    (B) She won a prize.

    (C) She got a present.

    (D) It's her birthday today.

16. What language can the boy speak?

    (A) English

    (B) French

    (C) Spanish

    (D) Chinese

17. Where will the girl go first?

    (A) home

    (B) library

    (C) toy store

    (D) bookstore

[18-19]

18. What test does the girl have in the afternoon?

    (A) math test

    (B) history test

    (C) science test

    (D) English test

19. What is the girl going to do after school?

    (A) study for the test

    (B) take a rest

    (C) have dinner

    (D) do her homework

[20-21]

20. Where does his sister work?

    (A) airport

    (B) toy shop

    (C) bookstore

    (D) clothing store

21. When does the boy go to the shop?

    (A) every Friday

    (B) every other day

    (C) every day after school

    (D) on weekends

[22-23]

22. What is Mia's favorite animal?

(A) lions

(B) bears

(C) monkeys

(D) elephants

23. When are they going to the zoo?

(A) today

(B) tomorrow

(C) this weekend

(D) next weekend

[24-25]

24. How old is Jackson?

(A) four

(B) eight

(C) nine

(D) ten

25. What does Jackson like?

(A) watching TV

(B) reading a book

(C) listening to music

(D) playing games

Directions: You will hear conversations in English. They will be spoken TWICE. After you listen to the conversations, read each question and choose the best response to what the last speaker says.

지시사항   26번부터 30번까지는 대화를 영어로 **두 번** 듣고, 대화의 마지막 질문이나 마지막 말 뒤에 이어질 가장 알맞은 응답을 주어진 질문에 맞게 고르는 문제입니다.

26. What's next?

(A) I have a pen.

(B) It's on the book.

(C) I don't have one.

(D) Where is your bag?

27. What's next?

(A) Yes, it's from my dad.

(B) Yes, my birthday is in July.

(C) Sure, I have a present for you.

(D) No, I like riding bicycles.

28. What's next?

    (A) No, I can't play soccer.

    (B) No, I only have baseballs.

    (C) Yes, I want to play soccer.

    (D) Yes, let's play on Saturday.

29. What's next?

    (A) I have a shirt instead.

    (B) I don't have a jacket.

    (C) I like your jacket.

    (D) I'll find it.

30. What's next?

    (A) Maybe in 10 minutes.

    (B) In the living room.

    (C) Mopping the floor.

    (D) With my best friend Stella.

Section II

Reading and Writing

Part **A** *Sentence Completion*
5 Questions

Part **B** *Situational Writing*
5 Questions

Part **C** *Practical Reading and Retelling*
10 Questions

Part **D** *General Reading and Retelling*
10 Questions

Directions: You will see conversations with blanks. Read carefully and choose one which best completes the blanks.

지시사항 1번에서 5번까지는 빈칸을 알맞게 채워 대화를 완성하는 문제입니다. 가장 알맞은 답을 고르세요.

1. A: How often _____ you study English?

B: Every day.

(A) is

(B) do

(C) was

(D) will be

2. A: Thanks for _____ help.

B: You're welcome.

(A) you

(B) your

(C) yours

(D) you're

3. A: What's over there?

B: _____ is my mom's scarf.

(A) Those

(B) These

(C) That

(D) This

4. A: _____ time is it?

B: It's 5:00.

(A) Why

(B) How

(C) What

(D) Where

5. A: Do you want a hamburger?

B: Yes, I _____.

(A) do

(B) may

(C) can't

(D) didn't

Directions: You will see pictures and incomplete sentences. Choose the one which best completes the sentences.

지시사항   6번부터 10번까지는 그림을 보고 문장을 완성하는 문제입니다. 가장 알맞은 답을 고르세요.

6.

The girl has _____.

 (A) long hair and wears glasses

 (B) short hair and wears glasses

 (C) long hair and wears a yellow dress

 (D) short hair and wears a blue dress

7.

The cow is _____.

 (A) walking along a mountain

 (B) hiding behind a tree

 (C) drinking from a river

 (D) jumping over grass

8.

It's a strawberry _____.

    (A) muffin

    (B) milkshake

    (C) ice cream cone

    (D) pancake

9.

The boy likes to play _____.

    (A) in the kitchen

    (B) in the bathroom

    (C) at the house

    (D) in the park

10.

The girls are _____.

    (A) running

    (B) singing

    (C) dancing

    (D) sleeping

Directions: You will see practical reading materials. Each reading material is followed by questions about it. Choose the best answer to each question.

지시사항 11번부터 20번까지는 실용적 읽기자료에 관련된 문제입니다. 각 읽기자료 다음에는 질문이 제시됩니다. 각 질문에 해당하는 가장 알맞은 답을 고르세요.

For questions 11 – 12, refer to the following information.

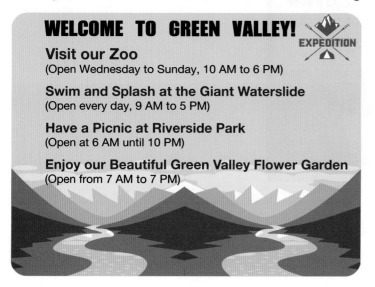

11. When does the flower garden open?

(A) 6 AM

(B) 7 AM

(C) 7 PM

(D) 9 PM

12. Where can you have a picnic?

(A) at the zoo

(B) at the park

(C) at the waterslide

(D) in the garden

For questions 13 – 14, refer to the following information.

THE BURGER BARN

Hamburger	$ 3.00
Hamburger and Fries	$ 4.00
Pizza	$ 2.00 a slice
Homemade Pies (Apple, Peach, and Cherry)	$ 2.00 a slice
Milkshakes (Vanilla, Chocolate, Strawberry)	$ 1.50

13. How much do two slices of pizza cost?

(A) two dollars

(B) three dollars

(C) four dollars

(D) six dollars

14. What kind of milkshake can you get?

(A) coffee

(B) peach

(C) cherry

(D) strawberry

For questions 15 – 16, refer to the following information.

You Are Invited to a Swimming Party!

Bobby would like you to come to his birthday swimming party
on **Sunday, July 10 from 2 to 4 p.m.**

At the Belmont Swimming Pool, 8 Oak Street

Don't forget your swimming suit and a towel!

15. What do the children need to bring?

(A) a cap

(B) a toy

(C) a towel

(D) a shirt

16. When is the birthday party?

(A) on July 2nd

(B) on July 4th

(C) on July 8th

(D) on July 10th

For questions 17 – 18, refer to the following information.

End of Summer Children's Concerts at the Fair

All tickets are $2.00

Babs and Lolo, August 26, 27

The Choo-Choo Band, August 29, 30

Doodlebops, September 4-7

Every day at 3:30 p.m.

Lemonade $1.00   Popcorn $2.00   Candy Apples $1.00

17. How much does a ticket cost?

(A) $1.00

(B) $2.00

(C) $3.00

(D) $4.00

18. Who will play on August 29th?

(A) Babs and Lolo

(B) The Choo-Choo Band

(C) Doodlebops

(D) Candy Apples

For questions 19 – 20, refer to the following information.

MABEL'S STAMP SETS

Choose Your Favorite Stamp Set:

Set1 **Animal Footprints** – horse, rabbit, cat, bear, dog
Set2 **Fruits**– apple, banana, pear, strawberry, watermelon
Set3 **Shapes** – circle, square, triangle, star, cloud
Set4 **Space** – rocket, sun, moon, star

Each set comes with 2 ink colors
– Choose from red, blue, yellow and green

19. Which animal is NOT in Set 1?

(A) cat

(B) horse

(C) rabbit

(D) deer

20. How many colors are in each stamp set?

(A) one

(B) two

(C) three

(D) four

Directions: You will see various reading materials. Each reading material is followed by questions about it. Choose the best answer to each question.

지시사항 21번부터 30번까지는 다양한 읽기 자료에 관련된 문제입니다. 각 읽기 자료 다음에는 질문이 제시됩니다. 각 질문에 해당하는 가장 알맞은 답을 고르세요.

For questions 21 – 22, refer to the following passage.

Riley has a friend. Her name is Carla. Riley and Carla play together almost every day. Riley is a good singer while Carla is a good dancer and pianist. When Carla plays the piano, Riley sings songs. Riley and Carla always have fun together.

21. Who is good at playing the piano?

(A) Riley

(B) Carla

(C) both of them

(D) neither of them

22. How often do they play together?

(A) rarely

(B) never

(C) sometimes

(D) very often

For questions 23 – 24, refer to the following passage.

Nowadays, people all around the world stay up late on December 31st for the start of the New Year. However, for most of history, countries outside of Europe had their own calendars with different months and year numbers. For example, January 1st, 2000 was 11 Pausa in India, 1921. In Persia, the date was 11 Dey, 1378.

23. When does the New Year start in Europe?

    (A) December 31st

    (B) January 1st

    (C) 11 Pausa

    (D) 11 Dey

24. According to the passage, which country had a different calendar from Europe's?

    (A) India

    (B) France

    (C) Brazil

    (D) the United States

For questions 25 – 26, refer to the following passage.

All around Joyce's neighborhood, there are lots of places to go. There is a big shopping mall, a concert hall, a stadium, a community center and many small shops. Joyce is going to the flower shop to buy tulips today and then she is going to visit the library to read books.

25. What place is NOT in Joyce's neighborhood?

(A) library

(B) museum

(C) concert hall

(D) community center

26. Why is Joyce going to the library?

(A) to sleep

(B) to read books

(C) to check her emails

(D) to return books

For questions 27 – 28, refer to the following passage.

The Sydney Opera House is one of the most famous buildings in the world. It was built in Sydney, Australia, in 1973. When people from all over the world visit Sydney, they like to go see the beautiful Opera House. The Opera House hosts the world's most popular performers and has around 2,400 events every year.

27. What is the passage about?

(A) facts about the Opera House

(B) the design of the Opera House

(C) Sydney's popular singers

(D) Sydney's famous tour sites

28. Who visits the Sydney Opera House?

(A) all Americans

(B) only the Australians

(C) only Asians

(D) people from all over the world

For questions 29 – 30, refer to the following passage.

Do you eat three meals a day? Most people eat breakfast, lunch, and dinner every day, but not all cultures have this schedule. In some places, people eat whenever they are hungry. They do not have a special time to eat. In other countries, people have only two meals a day, and some places four or more!

29. According to this passage, what is the most common meal schedule?

(A) three meals a day

(B) two meals a day

(C) four meals a day

(D) one meal a day

30. According to this passage, what is true?

(A) Four meals a day is too many.

(B) Eating three meals a day is the healthiest.

(C) In some countries, people only eat when they are hungry.

(D) Breakfast, lunch, and dinner are the only types of meals.

Actual Test 3

Section I

Listening and Speaking

음원 QR 코드

Part **Ⓐ** *Listen and Recognize*
5 Questions

Part **Ⓑ** *Listen and Respond*
5 Questions

Part **Ⓒ** *Listen and Retell*
15 Questions

Part **Ⓓ** *Listen and Speak*
5 Questions

Directions: You will hear English sentences. The sentences will be spoken TWICE. Listen carefully and choose the most suitable picture.

지시사항 1번에서 5번까지는 영어문장을 듣고, 들은 내용과 가장 관련 있는 그림을 고르는 문제입니다. 영어문장은 **두 번** 들려줍니다. 🎧A

1.

(A)   (B)   (C)   (D)

2.

(A)   (B)   (C)   (D)

3.

(A) (B) (C) (D)

4.

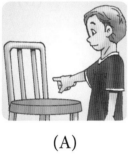  

(A) (B) (C) (D)

5.

(A) (B) (C) (D)

Directions: You will hear English sentences and answer choices (A), (B), (C), and (D). The sentences and the choices will be spoken TWICE. Listen carefully and choose the most suitable answer.

지시사항   6번부터 10번까지는 영어 문장을 듣고, 들은 말에 대한 가장 알맞은 대답을 고르는 문제입니다. 영어질문과 보기는 **두 번** 들려주며 (A), (B), (C), (D) 중에서 하나를 고르세요.

6.   Mark your answer on your answer sheet.

7.   Mark your answer on your answer sheet.

8.   Mark your answer on your answer sheet.

9.   Mark your answer on your answer sheet.

10.   Mark your answer on your answer sheet.

Directions: You will hear short talks or conversations. They will be spoken TWICE. Listen carefully, read each question and choose the best answer.

지시사항 11번부터 25번까지는 짧은 대화나 이야기를 **두 번** 듣고, 주어진 질문에 가장 알맞은 답을 고르는 문제입니다.

11. Where is Emma going?

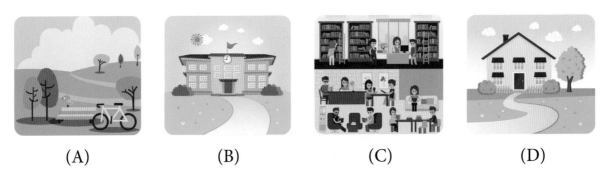

(A) (B) (C) (D)

12. What is the boy doing?

(A) (B) (C) (D)

13. What is the girl watching on TV now?

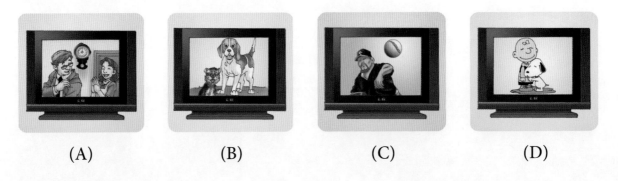

(A) (B) (C) (D)

14. When is the boy's English class?

    (A) Monday

    (B) Tuesday

    (C) yesterday

    (D) today

15. What does Julia see?

    (A) a bag

    (B) a hat

    (C) a jacket

    (D) a shirt

16. What does the boy have?

    (A) a bike

    (B) a skateboard

    (C) roller skates

    (D) ice skates

17. Who is Tyler?

    (A) Katie's sister

    (B) Katie's brother

    (C) Katie's daughter

    (D) Katie's friend

[18-19]

18. What does Jason like to do?

    (A) decorate

    (B) paint pictures

    (C) take pictures

    (D) highlight

19. What does he paint?

    (A) friends and family

    (B) plants and animals

    (C) fruit and vegetables

    (D) cars and boats

[20-21]

20. How often does the boy go to the zoo?

    (A) every day

    (B) every week

    (C) every month

    (D) every season

21. What is his favorite animal?

    (A) zebra

    (B) lion

    (C) tiger

    (D) penguin

[22-23]

22. When does Lucy walk her dog?

(A) Mondays

(B) Fridays

(C) Wednesdays, Fridays and Saturdays

(D) Mondays, Wednesdays and Fridays

23. What kind of weather do Lucy and Daisy hate?

(A) windy days

(B) snowy days

(C) sunny days

(D) rainy days

[24-25]

24. Where did the boy go?

(A) a bakery

(B) a restaurant

(C) a supermarket

(D) a fruit store

25. How much were the four apples?

(A) $1.00

(B) $2.00

(C) $3.00

(D) $4.00

Directions: You will hear conversations in English. They will be spoken TWICE. After you listen to the conversations, read each question and choose the best response to what the last speaker says.

지시사항 26번부터 30번까지는 대화를 영어로 **두 번** 듣고, 대화의 마지막 질문이나 마지막 말 뒤에 이어질 가장 알맞은 응답을 주어진 질문에 맞게 고르는 문제입니다.

26. What's next?

(A) I'll have the same.

(B) I like Italian food.

(C) I don't need a drink.

(D) I'm making a sandwich.

27. What's next?

(A) I want a green pencil.

(B) I want a blue pen.

(C) I want a long pen.

(D) I want a short pencil.

28. What's next?

(A) She is late.

(B) She is 81 years old.

(C) She is my grandmother.

(D) She is tired.

29. What's next?

(A) I don't like reading.

(B) They're cartoons.

(C) Reading is fun.

(D) I read novels.

30. What's next?

(A) They are ten years old.

(B) They are happy.

(C) They are tall.

(D) They are playing soccer.

Section II

Reading and Writing

Part **A** *Sentence Completion*
5 Questions

Part **B** *Situational Writing*
5 Questions

Part **C** *Practical Reading and Retelling*
10 Questions

Part **D** *General Reading and Retelling*
10 Questions

Directions: You will see conversations with blanks. Read carefully and choose one which best completes the blanks.

지시사항 1번에서 5번까지는 빈칸을 알맞게 채워 대화를 완성하는 문제입니다. 가장 알맞은 답을 고르세요.

1. A: _____ is my friend, Joshua.
   B: Nice to meet you.

   (A) This
   (B) Then
   (C) These
   (D) Those

2. A: Can I _____ some of your French Fries?
   B: Go ahead.

   (A) has
   (B) had
   (C) have
   (D) will have

3. A: Is Ms. James a teacher?
   B: No, she _____.

   (A) is
   (B) isn't
   (C) hasn't
   (D) wasn't

4. A: _____ do you go to school?
   B: I go to school at 8 o'clock in the morning.

   (A) How
   (B) What
   (C) When
   (D) Where

5. A: I don't know how to _____ the guitar.
   B: I can teach you.

   (A) play
   (B) plays
   (C) played
   (D) playing

Directions: You will see pictures and incomplete sentences. Choose the one which best completes the sentences.

지시사항 6번부터 10번까지는 그림을 보고 문장을 완성하는 문제입니다. 가장 알맞은 답을 고르세요.

6.

The boy is _____.

(A) making a pie

(B) giving a cake

(C) drinking milk

(D) buying a hamburger

7.

The boy plays _____.

(A) in the sand

(B) in the snow

(C) on the grass

(D) on the water

8.

The man is _____.

  (A) waiting at the bus station

  (B) dancing with the girl

  (C) running with his dog

  (D) walking along the river

9.

Four _____ are swimming in a bowl.

  (A) worms

  (B) seaweeds

  (C) turtles

  (D) fish

10.

The woman is _____ of the house.

  (A) painting the wall

  (B) painting the door

  (C) cleaning the roof

  (D) cleaning the door

Directions: You will see practical reading materials. Each reading material is followed by questions about it. Choose the best answer to each question.

지시사항 11번부터 20번까지는 실용적 읽기자료에 관련된 문제입니다. 각 읽기자료 다음에는 질문이 제시됩니다. 각 질문에 해당하는 가장 알맞은 답을 고르세요.

For questions 11 – 12, refer to the following information.

How to Give Your Dog a Bath

1. Put some warm water in the bathtub. Not too deep.

2. Close the bathroom door so the dog cannot get out.

3. Put your dog in the water.

4. Gently wash your dog with dog shampoo.

5. Dry your dog softly with a towel.

11. What do you need to do third?

(A) Close the bathroom door.

(B) Put your dog in the water.

(C) Wash your dog with shampoo.

(D) Put some warm water in the bathtub.

12. What do you NOT need when washing the dog?

(A) a bathtub

(B) a towel

(C) a mild soap

(D) dog shampoo

For questions 13 – 14, refer to the following chart.

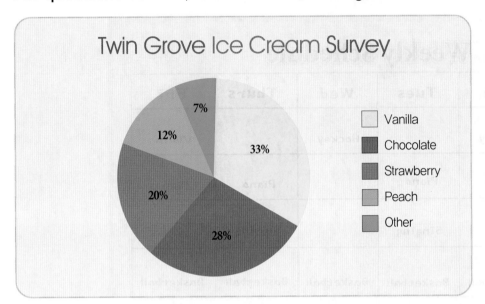

13. What is the most popular ice cream?

(A) vanilla

(B) chocolate

(C) strawberry

(D) peach

14. What percent likes strawberry ice cream?

(A) 12

(B) 20

(C) 28

(D) 33

For questions 15 – 16, refer to the following schedule.

Weekly Schedule

	Mon	Tues	Wed	Thurs	Fri
Melanie	Hockey		Hockey		Violin
Jana	Piano	Piano		Piano	Piano
Shelly		Singing		Singing	
Quinn	Basketball	Basketball	Basketball	Basketball	Basketball

15. Who plays sports on Tuesday?

(A) Melanie

(B) Jana

(C) Shelly

(D) Quinn

16. How often does Melanie play hockey?

(A) once a week

(B) twice a week

(C) three times a week

(D) five times a week

For questions 17 – 18, refer to the following information.

Find the Treasure in the Park

* Begin at the park gate.
* Walk to the children's zoo.
* Go to the fence.
* Walk to the picnic tables.
* Find the blue picnic table.
* Look for a piece of paper under the table.

17. What will you find under the picnic table?

(A) gate

(B) table

(C) fence

(D) paper

18. Where does the treasure hunt start?

(A) at the zoo

(B) at the park gate

(C) at the blue fence

(D) at the picnic table

For questions 19 – 20, refer to the following notice.

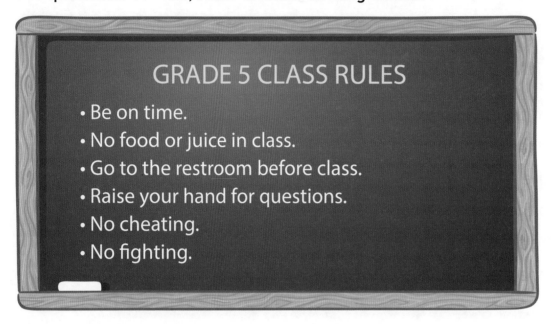

GRADE 5 CLASS RULES

• Be on time.
• No food or juice in class.
• Go to the restroom before class.
• Raise your hand for questions.
• No cheating.
• No fighting.

19. When should grade 5 students go to the restroom?

(A) before class

(B) during class

(C) after class

(D) none of above

20. Where can you see this notice?

(A) in a park

(B) in a museum

(C) in a restaurant

(D) in a classroom

Directions: You will see various reading materials. Each reading material is followed by questions about it. Choose the best answer to each question.

지시사항 21번부터 30번까지는 다양한 읽기 자료에 관련된 문제입니다. 각 읽기 자료 다음에는 질문이 제시됩니다. 각 질문에 해당하는 가장 알맞은 답을 고르세요.

For questions 21 – 22, refer to the following passage.

Beijing is China's capital city. It has many famous dishes, like Beijing duck, dumplings, and Zhajiang noodles. A lot of people eat these dishes when they visit. Another famous thing in Beijing is the Great Wall of China. Visitors can walk on it, take photos, and buy gifts.

21. What do people NOT do at the Great Wall?

(A) buy gifts

(B) feed ducks

(C) take pictures

(D) walk on the wall

22. What food is famous in Beijing?

(A) roasted duck

(B) spaghetti

(C) French fries

(D) fried chicken

For questions 23 – 24, refer to the following passage.

> Summer is my favorite season. Every summer, my family goes to the beach. The beach is very hot. We make sand castles and swim in the ocean. I love swimming. After swimming, I like to eat chocolate ice cream and then nap on the beach.

23. What is the writer's favorite season?

(A) spring

(B) summer

(C) fall

(D) winter

24. What does the writer NOT do at the beach?

(A) make sand castles

(B) swim in the ocean

(C) eat chocolate ice cream

(D) sleep inside a tent

For questions 25 – 26, refer to the following passage.

> Today is my favorite day at school. It is Sports Day! On Sports Day, we eat snacks and play games all day. We also have a race and play tug-of-war. Sometimes, the teachers play with us! At the end of the day, we have a party outside with cakes and cookies.

25. What is the passage about?

(A) Someone's birthday

(B) Sports Day

(C) Teacher's Day

(D) Children's Day

26. What will they do after playing tug-of-war?

(A) race

(B) play

(C) study

(D) have a party

For questions 27 – 28, refer to the following passage.

Alice is going to the park today. She is going to meet her friend Julie. They are going to fly their kites and ride their bicycles. They will then go to Julie's house. Julie's mom is making dinner for them. Alice thinks today will be a fun day.

27. Where is Alice going today?

(A) zoo

(B) park

(C) store

(D) library

28. What is Alice going to do at Julie's house?

(A) make dinner with Julie

(B) eat dinner with Julie

(C) ride bikes with Julie

(D) ride a bus with Julie

For questions 29 – 30, refer to the following passage.

Halloween is celebrated on October 31st every year. It started in Ireland and now it is celebrated in many other countries such as the United States, Canada and England. There are big Halloween parties on this holiday. People dress up like witches and ghosts. Boys and girls usually go out with their friends and visit different houses. They shout "trick or treat!" to get candy apples and other sweets.

29. Where did Halloween first begin?

(A) Ireland

(B) Canada

(C) England

(D) America

30. According to passage, which does not happen on Halloween?

(A) dressing up

(B) going to parades

(C) having big parties

(D) eating candy apples

Actual Test ④

Section I

Listening and Speaking

Part	A	**Listen and Recognize**
		5 Questions

Part **B** *Listen and Respond*
5 Questions

Part **C** *Listen and Retell*
15 Questions

Part **D** *Listen and Speak*
5 Questions

Directions: You will hear English sentences. The sentences will be spoken TWICE. Listen carefully and choose the most suitable picture.

지시사항   1번에서 5번까지는 영어문장을 듣고, 들은 내용과 가장 관련 있는 그림을 고르는 문제입니다. 영어문장은 **두 번** 들려줍니다.

1.

(A)   (B)   (C)   (D)

2.

(A)   (B)   (C)   (D)

3.

(A)

(B)

(C)

(D)

4.

(A)

(B)

(C)

(D)

5.

(A)

(B)

(C)

(D)

Directions: You will hear English sentences and answer choices (A), (B), (C), and (D). The sentences and the choices will be spoken TWICE. Listen carefully and choose the most suitable answer.

지시사항 6번부터 10번까지는 영어 문장을 듣고, 들은 말에 대한 가장 알맞은 대답을 고르는 문제입니다. 영어질문과 보기는 **두 번** 들려주며 (A), (B), (C), (D) 중에서 하나를 고르세요. 🎧B

6. Mark your answer on your answer sheet.

7. Mark your answer on your answer sheet.

8. Mark your answer on your answer sheet.

9. Mark your answer on your answer sheet.

10. Mark your answer on your answer sheet.

Directions: You will hear short talks or conversations. They will be spoken TWICE. Listen carefully, read each question and choose the best answer.

지시사항 11번부터 25번까지는 짧은 대화나 이야기를 **두 번** 듣고, 주어진 질문에 가장 알맞은 답을 고르는 문제입니다.

11. Where are the crackers?

(A)   (B)   (C)   (D)

12. What building are they talking about?

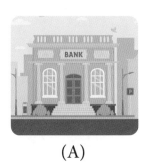      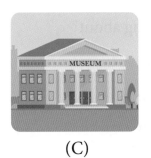   

(A)   (B)   (C)   (D)

13. What does the boy like to do?

(A)   (B)   (C)   (D)

14. What does the boy's dad do?

(A) teacher

(B) pilot

(C) fire fighter

(D) police officer

15. What season does the girl like?

(A) spring

(B) summer

(C) autumn

(D) winter

16. Who are they talking about?

(A) the boy's dad

(B) the boy's mom

(C) the girl's mom

(D) the girl's dad

17. Where is the girl going?

(A) bike shop

(B) home

(C) school

(D) hospital

[18-19]

18. Why did the mom call the doctor?

    (A) The mom fell off the bed and hurt her head.

    (B) The doctor fell off the bed and hurt his head.

    (C) One of the brothers fell off the bed and hurt his head.

    (D) The brothers fell off the bed and hurt their heads.

19. What were the two little brothers doing?

    (A) talking on the bed

    (B) sitting on the bed

    (C) sleeping on the bed

    (D) jumping on the bed

[20-21]

20. What do the boy's parents do?

    (A) help sick people

    (B) hide poor people

    (C) take care of busy people

    (D) follow old people

21. How often do the boy's parents visit the nursing home?

    (A) every day

    (B) once a week

    (C) twice a week

    (D) three times a week

[22-23]

22. How old is Hayden?

(A) eight

(B) nine

(C) ten

(D) eleven

23. What will the girl do for the party?

(A) buy a birthday cake

(B) give a gift to Hayden

(C) help her mom

(D) decorate the house

[24-25]

24. Why does Mike like soccer?

(A) He likes famous soccer players.

(B) He likes to play outside.

(C) He loves to kick and run.

(D) He loves to go to a soccer field.

25. When does Mike have soccer lessons?

(A) on Mondays and Tuesdays

(B) on Mondays and Thursdays

(C) on Wednesdays and Thursdays

(D) on Mondays and Wednesdays

Directions: You will hear conversations in English. They will be spoken TWICE. After you listen to the conversations, read each question and choose the best response to what the last speaker says.

지시사항 26번부터 30번까지는 대화를 영어로 **두 번** 듣고, 대화의 마지막 질문이나 마지막 말 뒤에 이어질 가장 알맞은 응답을 주어진 질문에 맞게 고르는 문제입니다.

26. What's next?

(A) It has many different colors.

(B) It's ten dollars.

(C) My uncle bought it for me.

(D) My mom's shirt is cheaper than mine.

27. What's next?

(A) I studied for two hours.

(B) I studied English.

(C) I don't like studying.

(D) I like math very much.

28. What's next?

    (A) Sure, it's behind Elm Street.

    (B) Well, the new building is over there.

    (C) Yes, the center has programs for all ages.

    (D) No, it's next to the bakery.

29. What's next?

    (A) Thanks. I'll get it.

    (B) I think it's ringing.

    (C) It's a great phone.

    (D) There's no answer.

30. What's next?

    (A) I'm afraid that I was wrong.

    (B) I bought a new backpack.

    (C) I like today's fresh weather.

    (D) I have too much homework to do.

Section II

Reading and Writing

Part **A** *Sentence Completion*
5 Questions

Part **B** *Situational Writing*
5 Questions

Part **C** *Practical Reading and Retelling*
10 Questions

Part **D** *General Reading and Retelling*
10 Questions

Directions: You will see conversations with blanks. Read carefully and choose one which best completes the blanks.

지시사항 1번에서 5번까지는 빈칸을 알맞게 채워 대화를 완성하는 문제입니다. 가장 알맞은 답을 고르세요.

1. A: Are you reading _____?
B: Yes, it's a good story.

(A) a book
(B) a books
(C) an book
(D) an books

2. A: Can I wear your scarf for the party?
B: I'm sorry, ___ I'm going to wear it.

(A) or
(B) so
(C) but
(D) and

3. A: I'm sorry I _____ your glasses yesterday.
B: It's okay. It doesn't matter.

(A) break
(B) broke
(C) breaked
(D) will break

4. A: Can we have pizza for lunch?
B: Sure, we _____.

(A) am
(B) can
(C) will
(D) have

5. A: _____ did you go to the hospital?
B: Last week.

(A) Why
(B) How
(C) When
(D) What

Directions: You will see pictures and incomplete sentences. Choose the one which best completes the sentences.

지시사항   6번부터 10번까지는 그림을 보고 문장을 완성하는 문제입니다. 가장 알맞은 답을 고르세요.

6.

It's time _____.

(A) to go to school

(B) to go home

(C) for a party

(D) for graduation

7.

It has _____.

(A) three eyes

(B) a strange nose

(C) a big mouth

(D) big fingers

8.

They love _____.

    (A) cheese

    (B) pancakes

    (C) strawberries

    (D) yogurt

9.

There is a dog _____ the house.

    (A) in front of

    (B) behind

    (C) under

    (D) over

10.

The boy is _____.

    (A) studying math

    (B) playing games

    (C) reading a book

    (D) sleeping on the sofa

Directions: You will see practical reading materials. Each reading material is followed by questions about it. Choose the best answer to each question.

11번부터 20번까지는 실용적 읽기자료에 관련된 문제입니다. 각 읽기자료 다음에는 질문이 제시됩니다. 각 질문에 해당하는 가장 알맞은 답을 고르세요.

For questions 11 – 12, refer to the following advertisement.

Mr. Cheese's USB Memory SALE!!

	BEFORE	NOW
1GB	$20	$10
2GB	$30	$15
4GB	$50	$20

From Friday, August 1ˢᵗ to Sunday, August 10ᵗʰ

11. How much was a 2GB USB memory before?

(A) $15

(B) $20

(C) $30

(D) $50

12. When will the sale end?

(A) August 1ˢᵗ

(B) August 10ᵗʰ

(C) August 15ᵗʰ

(D) August 16ᵗʰ

For questions 13 – 14, refer to the following graph.

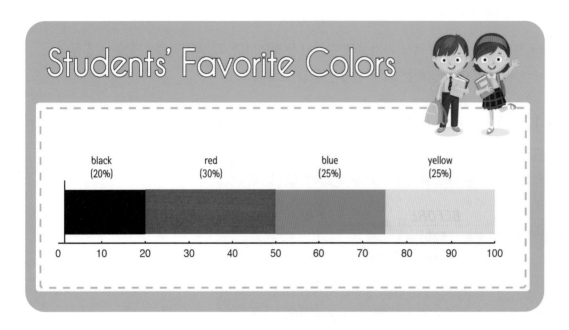

13. What percent of students like yellow and blue?

(A) 25%

(B) 30%

(C) 50%

(D) 55%

14. Which color is the least popular?

(A) black

(B) red

(C) blue

(D) yellow

For questions 15 – 16, refer to the following poster.

15. Where might you see this poster most?

(A) at the bank

(B) at a church

(C) at the hospital

(D) at a restaurant

16. How much is one cheeseburger?

(A) $ 3.95

(B) $ 4.45

(C) $ 5.45

(D) $ 6.00

For questions 17 – 18, refer to the following information.

How to use a subway Ticket Machine

STEP 1   Choose the station you want to go to

STEP 2   Push the button

STEP 3   Check how much it costs

STEP 4   Put money into the machine

STEP 5   Wait for the ticket

17. What do you need the machine for?

(A) food

(B) tickets

(C) money

(D) buttons

18. What do you push to get tickets?

(A) ticket

(B) subway

(C) button

(D) money

For questions 19 – 20, refer to the following information.

Summer Camp

Green Park School will have its summer camp in July and August this year. There will be English, science, and math club in the morning and soccer, tennis, and baseball club in the afternoon. Students can join the all-day, morning only or afternoon only camps. Children from other schools will also be at summer camp this year.

For more information, call 010 0000 1234.

19. When is the summer camp?

(A) June and July

(B) June and August

(C) July and August

(D) August and September

20. What does the camp NOT teach?

(A) math

(B) science

(C) history

(D) English

Directions: You will see various reading materials. Each reading material is followed by questions about it. Choose the best answer to each question.

지시사항 21번부터 30번까지는 다양한 읽기 자료에 관련된 문제입니다. 각 읽기 자료 다음에는 질문이 제시됩니다. 각 질문에 해당하는 가장 알맞은 답을 고르세요.

For questions 21 – 22, refer to the following passage.

Kelly loves animals. Her family has five pets. They have two dogs, a rabbit, a bird, and a fish. Kelly's mom always asks her to walk the dogs. Her brother feeds the fish and the bird. Kelly's dad takes care of the rabbit.

21. How many pets does Kelly's family have?

(A) one

(B) two

(C) five

(D) six

22. Who feeds the fish?

(A) Kelly

(B) Kelly's brother

(C) Kelly's mom

(D) Kelly's dad

For questions 23 – 24, refer to the following passage.

Sarah lives in Canada, but she has a pen pal in Korea. Her name is Soo-bin. They write letters to each other once a month. They write about their families and their favorite hobbies. Sarah likes to ride horses. Soo-bin has a black belt in Taekwondo.

23. How often do they write letters?

(A) once a week

(B) once a month

(C) every day

(D) every year

24. What does Sarah do for a hobby?

(A) doing Taekwondo

(B) riding horses

(C) playing golf

(D) sleeping

For questions 25 – 26, refer to the following passage.

Today, Susan's family is going to a restaurant for dinner. Susan wants to eat chicken and rice. Her mother and father want to eat soup and sandwiches. Susan wants to have ice cream for dessert. She loves eating at restaurants.

25. Why is Susan's family going to a restaurant?

(A) to eat dessert

(B) to eat lunch

(C) to eat breakfast

(D) to eat dinner

26. What does Susan want for dessert?

(A) chicken

(B) ice cream

(C) rice

(D) sandwiches

For questions 27 – 28, refer to the following passage.

My family and I moved to New Zealand two years ago. I was excited to live in a new country. I wanted to learn English well, too. But, I was afraid of going to a new school. At first, life was a little difficult. But over time, I made some good friends. Now, I like living here.

27. What was the writer afraid of?

(A) meeting new friends

(B) moving to a new country

(C) learning a new language

(D) going to a new school

28. What was life in New Zealand like at first?

(A) difficult

(B) easy

(C) fun

(D) boring

For questions 29 – 30, refer to the following passage.

> You can make many kinds of sandwiches. Some sandwiches have meat and some have vegetables. Many children like peanut butter and jam sandwiches, but my favorite is peanut butter and banana sandwiches. After eating my peanut butter and banana sandwich, I drink a big glass of milk.

29. What kind of sandwich do many children like?

(A) vegetable sandwich

(B) peanut butter and jam sandwich

(C) meat sandwich

(D) cheese sandwich

30. What does the writer drink after her favorite sandwich?

(A) water

(B) milk

(C) juice

(D) soda

Actual Test 5

음원 QR 코드

Listening and Speaking

Part Ⓐ *Listen and Recognize*

5 Questions

Part Ⓑ *Listen and Respond*

5 Questions

Part Ⓒ *Listen and Retell*

15 Questions

Part Ⓓ *Listen and Speak*

5 Questions

PART Ⓐ Listen and Recognize

Directions: You will hear English sentences. The sentences will be spoken TWICE. Listen carefully and choose the most suitable picture.

지시사항 1번에서 5번까지는 영어문장을 듣고, 들은 내용과 가장 관련 있는 그림을 고르는 문제입니다. 영어문장은 **두 번** 들려줍니다.

1.

  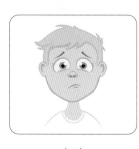 

(A)   (B)   (C)   (D)

2.

(A)   (B)   (C)   (D)

3.

(A)

(B)

(C)

(D)

4.

(A)

(B)

(C)

(D)

5.

(A)

(B)

(C)

(D)

PART B Listen and Respond

Directions: You will hear English sentences and answer choices (A), (B), (C), and (D). The sentences and the choices will be spoken TWICE. Listen carefully and choose the most suitable answer.

지시사항 6번부터 10번까지는 영어 문장을 듣고, 들은 말에 대한 가장 알맞은 대답을 고르는 문제입니다. 영어질문과 보기는 **두 번** 들려주며 (A), (B), (C), (D) 중에서 하나를 고르세요. 🎧B

6. Mark your answer on your answer sheet.

7. Mark your answer on your answer sheet.

8. Mark your answer on your answer sheet.

9. Mark your answer on your answer sheet.

10. Mark your answer on your answer sheet.

Directions: You will hear short talks or conversations. They will be spoken
TWICE. Listen carefully, read each question and choose the
best answer.

11. Who is the girl's mom?

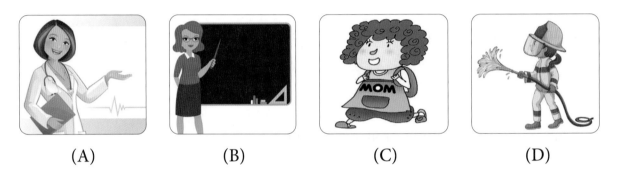

(A)   (B)   (C)   (D)

12. What will the girl drink?

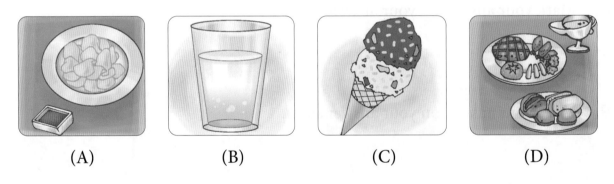

(A)   (B)   (C)   (D)

13. What will they do together?

(A)   (B)   (C)   (D)

14. Where is the girl's schoolbag?

    (A) in the garden

    (B) in the kitchen

    (C) in the bathroom

    (D) in the living room

15. Who is the cake for?

    (A) the girl's mom

    (B) the girl's dad

    (C) the girl's sister

    (D) the girl's friend

16. Where does the boy hurt?

    (A) his head

    (B) his elbows

    (C) his fingers

    (D) his hands

17. What does the girl do in her free time?

    (A) ride a bike with her dad

    (B) cook with her mom

    (C) read a book to her sister

    (D) write a letter to her friends

[18-19]

18. How long does Peanut sleep every day?

   (A) less than 7 hours

   (B) more than 7 hours

   (C) less than 10 hours

   (D) more than 10 hours

19. Where does Peanut sometimes sleep?

   (A) the table and the tree

   (B) the sofa and the tree

   (C) the sofa and the bed

   (D) the table and the bed

[20-21]

20. What kind of food does Oliver like?

   (A) ham and sausages

   (B) vegetables and fruit

   (C) salt and pepper

   (D) fish and chips

21. What is NOT true about Amelia?

   (A) She likes to listen to music.

   (B) She likes to play the violin.

   (C) She likes to eat sausages.

   (D) She likes to eat fruit.

[22-23]

22. What did Tom's mom make for lunch?

    (A) fish and salad

    (B) pizza and salad

    (C) hamburger and salad

    (D) sandwich and salad

23. Who doesn't like salad?

    (A) his sister

    (B) his friends

    (C) his mom

    (D) his dad

[24-25]

24. What does the boy NOT do in the morning?

    (A) make the bed

    (B) get out of bed

    (C) eat three eggs

    (D) cook three eggs

25. How many eggs does he eat for breakfast?

    (A) one

    (B) two

    (C) three

    (D) four

Directions: You will hear conversations in English. They will be spoken TWICE. After you listen to the conversations, read each question and choose the best response to what the last speaker says.

지시사항 26번부터 30번까지는 대화를 영어로 **두 번** 듣고, 대화의 마지막 질문이나 마지막 말 뒤에 이어질 가장 알맞은 응답을 주어진 질문에 맞게 고르는 문제입니다. 🎧

26. What's next?

    (A) I love carrots.

    (B) I don't want fruit.

    (C) I don't like vegetables.

    (D) I want to eat apples.

27. What's next?

    (A) Well-done, please.

    (B) I want salad instead.

    (C) I am ready to eat.

    (D) I ate it already.

28. What's next?

    (A) I like basketball.

    (B) I can play many sports.

    (C) That's his hobby.

    (D) That's better.

29. What's next?

    (A) No, they are engineers.

    (B) No, they don't have it now.

    (C) Yes, they are sad now.

    (D) Yes, they are very outgoing.

30. What's next?

    (A) I forgot.

    (B) That's great.

    (C) I love homework.

    (D) That's OK.

Section II

Reading and Writing

Part **A** *Sentence Completion*
5 Questions

Part **B** *Situational Writing*
5 Questions

Part **C** *Practical Reading and Retelling*
10 Questions

Part **D** *General Reading and Retelling*
10 Questions

Directions: You will see conversations with blanks. Read carefully and choose one which best completes the blanks.

지시사항   1번에서 5번까지는 빈칸을 알맞게 채워 대화를 완성하는 문제입니다. 가장 알맞은 답을 고르세요.

1.   A: I can't understand it.

B: We should think more _____.

(A) clear

(B) clearly

(C) clearer

(D) clearest

2.   A: Does she like cats?

B: Yes, she _____.

(A) do

(B) don't

(C) does

(D) doesn't

3.   A: _____ is this wet?

B: It was in the water.

(A) Why

(B) Who

(C) When

(D) Where

4.   A: Where are you?

B: I'm _____ the library.

(A) at

(B) on

(C) from

(D) through

5.   A: Jackson and I _____ baking some cookies.

B: Can I join?

(A) is

(B) am

(C) are

(D) was

Directions: You will see pictures and incomplete sentences. Choose the one which best completes the sentences.

6.

After school, I like to _____.

(A) talk to my friends

(B) watch cartoons

(C) read books

(D) do my homework

7.

There is _____ the dog.

(A) a butterfly above

(B) a bee in front of

(C) a fly next to

(D) a dragonfly behind

8.

The boy _____ his kite.

(A) doesn't lose

(B) didn't lose

(C) lose

(D) lost

9.

They are at _____.

(A) school

(B) work

(C) a pajama party

(D) a birthday party

10.

The boy is _____.

(A) faster than the girl

(B) slower than the girl

(C) younger than the girl

(D) older than the girl

Directions: You will see practical reading materials. Each reading material is followed by questions about it. Choose the best answer to each question.

지시사항 11번부터 20번까지는 실용적 읽기자료에 관련된 문제입니다. 각 읽기자료 다음에는 질문이 제시됩니다. 각 질문에 해당하는 가장 알맞은 답을 고르세요.

For questions 11 – 12, refer to the following poster.

11. When does the festival start?

(A) October 3rd

(B) October 7th

(C) October 17th

(D) October 27th

12. What can you NOT do at the festival?

(A) get on a hay ride

(B) carve pumpkins

(C) play games

(D) collect chestnuts

For questions 13 – 14, refer to the following schedule.

Sam's weekly schedule

Sun	Mon	Tue	Wed	Thu	Fri	Sat
do chores	walk dog in the park	go to the library	play basketball	go to swimming lesson	ride bike in the park	take a walk in the park

13. What does Sam do on Sundays?

(A) walk his dog

(B) ride a bike

(C) do chores

(D) play basketball

14. What does Sam NOT have in his schedule?

(A) go to the park

(B) go to the bank

(C) go to the library

(D) go to a swimming lesson

For questions 15 – 16, refer to the following recipe.

How to cook *Bibimbap*

Bibimbap means "mixed rice." It is a very popular Korean dish. In Bibimbap, rice is topped with beef, many different vegetables, chili pepper paste and sesame oil.

Things you need:

steamed rice, sliced beef, vegetables, chili pepper paste and sesame oil

Step 1: Put steamed rice in a bowl.

Step 2: Put sliced beef and vegetables on the top of the rice.

Step 3: Add chili pepper paste and sesame oil.

Step 4: Mix them together.

Step 5: Eat!

15. What do you NOT need to make Bibimbap?

(A) fish

(B) beef

(C) vegetables

(D) sesame oil

16. What is in the fourth step for Bibimbap?

(A) put steamed rice

(B) put vegetables

(C) add sesame oil

(D) mix everything

For question 17 – 18, refer to the following chart.

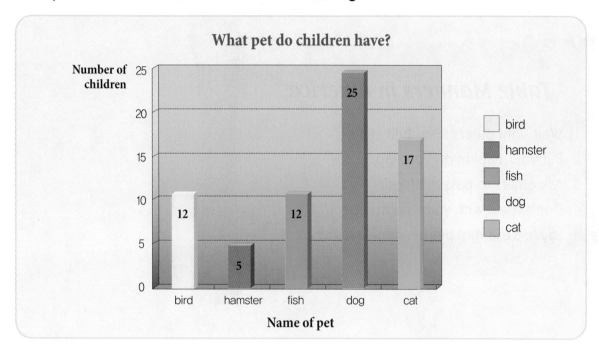

What pet do children have?

17. How many children have cats?

   (A) 5

   (B) 12

   (C) 17

   (D) 25

18. What pet do the most children have?

   (A) dogs

   (B) fish

   (C) birds

   (D) hamsters

For question 19-20, refer to the following information.

Table Manners in America

1. Wait until others take their seats.
2. Put your napkin on your lap.
3. Ask others to pass the food.
4. Don't chew with your mouth open.
5. Say 'excuse me' before you leave the table.

19. Where do Americans put their napkins?

(A) on their laps

(B) on their faces

(C) on their hands

(D) on their hips

20. What do Americans say before they leave the table?

(A) Hello.

(B) Thank you.

(C) Excuse me.

(D) Goodbye.

Directions: You will see various reading materials. Each reading material is followed by questions about it. Choose the best answer to each question.

For questions 21 – 22, refer to the following passage.

A spider lays little white eggs. The eggs wait all winter. In the spring, baby spiders come out of the eggs. They climb up trees and walls. The wind comes and blows the spiders like little balloons. The wind carries the spiders far. When they land, each spider makes a new home.

21. When do the baby spiders climb walls?

(A) spring

(B) summer

(C) autumn

(D) winter

22. How do the baby spiders travel far from their nest?

(A) by riding the wind

(B) by walking

(C) by riding a balloon

(D) by riding their mother's back

For questions 23 – 24, refer to the following passage.

> I have a new baby brother, Liam. He came home from the hospital last month. When he cries, I smile at him. Then, he stops crying. Sometimes I play with him. I hold a little elephant toy in front of him and make it dance. He always laughs.

23. When did the baby come home?

   (A) today

   (B) yesterday

   (C) last week

   (D) last month

24. What makes the baby laugh?

   (A) a toy

   (B) a book

   (C) a smile

   (D) a blanket

For questions 25 – 26, refer to the following passage.

My class visited a dairy farm. We learned that cows give us milk, butter, and cheese. In the morning and evening the cows are taken to the milking house. We watched how cows give us milk in the milking house. After that, we helped the rancher move the cows back to the field.

25. How often are the cows milked?

(A) once a day

(B) twice a day

(C) three times a day

(D) four times a day

26. How did the class help the rancher?

(A) They fed the cows.

(B) They milked the cows.

(C) They watched the cows.

(D) They helped move the cows.

For questions 27 – 28, refer to the following passage.

> Snakes are animals with long bodies. They do not have legs or arms. Snakes live in holes in the ground or under rocks. You can see snakes on hot sunny days. They like to lie in the sun. Every winter, snakes go to sleep for a long time. In other words, they "hibernate." Snakes are interesting animals.

27. Where do snakes like to lie?

(A) under rocks

(B) under trees

(C) in the sun

(D) in the ground

28. What does the word "hibernate" mean?

(A) Animals move to another place in winter.

(B) Animals sleep during the day.

(C) Animals sleep during summers.

(D) Animals sleep for the whole winter.

For questions 29 – 30, refer to the following passage.

On Sunday, my family had a picnic in the park. My mom spread a picnic blanket on the ground. My dad and my brothers played baseball. I watched a family of ducks in the pond. I saw a rabbit sitting under a tree. My mom gave everyone sandwiches and lemonade. After lunch, I went to sleep on the grass.

29. What did the writer's father and brothers do?

(A) go to sleep

(B) play baseball

(C) feed the rabbit

(D) watch the ducks

30. Where did the family have a picnic?

(A) in the park

(B) in the playground

(C) on a rooftop garden

(D) on the beach

Appendix

A

about	~에 대해
above	위
address	주소; 주소를 쓰다
afraid	~을 두려워 하는
after	(시간) 뒤에, 후에
airport	공항
all day	하루 종일
all right	괜찮아
alone	혼자
aloud	큰 소리로
a lot of	많은
always	항상, 언제나
amusement park	놀이공원
another	또 하나의, 더, 또다른
any	몇몇의 (부정문과 의문문에서 쓰임)
April	4월
as	~처럼 (같이)
award	상, 부상

B

backpack	배낭
balloon	풍선
basket	바구니
bathing suit	수영복
bathroom	화장실
beach	해변, 바닷가
bean sprout	콩나물
beautiful	아름다운, 멋진, 훌륭한
beauty	아름다움
because	왜냐하면
before	전에, ~하기 전에
begin	시작하다
behind	~뒤에
between	~사이에, 중간에
birthday	생일
blanket	이불, 담요
blond	금발의
blow	바람이 불다, 날리다
board	칠판
bookstore	서점
borrow	빌리다
bounce	튀다; 튐, 튀어오름
box	상자
bowl	(우묵한) 그릇, 통
break	휴식; 휴식하다, 깨지다
breakfast	아침식사
brush	붓, 붓질; 닦다
but	하지만

button	단추, 버튼
buy	사다, 구매하다

C

cage	우리, 새장
camera	카메라
camp	캠프
Canada	캐나다
carrot	당근
carry	운반하다, 들고가다
cartoon	만화
catch	(움직이는 물체를) 잡다
cheap	싼, 저렴한
check	살피다, 확인하다
cheese	치즈
chef	요리사, 주방장
Children's Day	어린이 날
Chinese	중국어
clean	깨끗한; 닦다, 청소하다
cleaning	청소
climb	산을 오르다
closet	옷장
clothes	옷
cloudy	구름이 많은, 흐린
coach	(스포츠팀의) 코치

comic book	만화책
come over	놀러 오다
come with	~이 딸려있다, 따라가다
concert	콘서트, 공연
cone	원뿔, (아이스크림) 콘
cool down	식다. 시원해 지다
cook	요리하다; 요리사
cookie	쿠키
cost	비용이 들다; 비용
count	세다
crayon	크레용
curly	곱슬곱슬한
cut into	~칼로 자르다

D

daughter	딸
decorate	장식하다, 꾸미다
dentist	치과 의사
dining	식사
dining table	식탁
dinner	저녁
drama	드라마
draw	(그림을) 그리다
drug store	약국
dumpling	만두

during	~동안 (내내)

E

each other	서로
elbow	팔꿈치
end	끝; 끝나다, 끝내다
every	모든
every other day	하루걸러, 격일로
expensive	비싼, 돈이 많이 드는

F

fact	~라는 점, 사실
fair	공정한, 공평한; 축제
fast	빠른
favorite	마음에 드는
feed	먹이다, 먹이를 주다
fell	떨어졌다, 감소했다
field	들판, 운동장
find	찾다, 발견하다
fine	좋은
finish	끝
firefighter	소방관
flight attendant	승무원
flower shop	꽃집, 꽃가게
foolish	어리석은
footprint	발자국

forget	잊다, 까먹다
fresh	신선한, 새로운
fridge	냉장고
fun	재미있는
funny	우스운, 웃기는, 재미있는

G

gate	문, 대문, 출입구
get out	나가다, 떠나다
get started	(어떤 일을) 시작하다
glass	유리잔
glove	장갑
go fishing	낚시하러 가다
good at	~를 잘하다
granddaughter	손녀, 외손녀
grandson	손자, 외손자
grass	풀
gym	체육관

H

ham	햄
head	머리
heart	심장
heavy	무거운, 육중한
height	키
help yourself	(음식을) 마음대로 드세요

hide	숨다, 감추다		just	딱, 막, 방금; 단지, 그저
highlight	강조하다		**K**	
history	역사		kick	(발로) 차다
hobby	취미		kitchen	부엌
hockey	하키		kite	연
hold	잡다, 잡고(들고) 있다		knee	무릎
hole	구멍		Korean	한국어
home run	(야구) 홈런		**L**	
host	주인, 주최국		language	언어
hotdog	핫도그		large	큰
how much	얼마 만큼, 어느 정도		laugh	웃다
hungry	배고픈		lay	알을 낳다
hurt	아프게 하다		lemonade	레몬에이드
I			let's	~하자
ice skate	스케이트를 타다		letter	글자, 편지
information	정보		library	도서관
in front of	~앞에, 앞 쪽에		lie	눕다
ink	잉크		like	~와 비슷한; 좋아하다
insect	곤충		living room	거실
instead	대신에		look for	찾다, 구하다
instrument	악기		lose	잃어버리다
interested	관심(흥미)이 있는		loudly	크게
invite	초대하다		lunch	점심
J			**M**	

magazine	잡지	neither	(둘 중) 어느 것도 아니다
manner	예의, 예절	nest	둥지
many	(수가) 많은	new	새로운
math	수학, 계산	newsstand	신문가판대
meat	고기	next to	~옆에, ~다음에
medicine	약, 의학	nice	훌륭한
medium	중간의	novel	(장편) 소설
microphone	마이크	nurse	간호사
mild	가벼운, 순한, 온순한	**O**	
milkshake	밀크쉐이크	o'clock	정각 ~시
missing	사라진	office worker	사무원, 회사원
mop	대걸레; (대걸레로) 닦다	often	자주, 흔히, 보통
money	돈	only	오로지, 단지
morning	아침	other	다른
most	가장 ~한	outfielder	외야수
mouse	쥐	outside	겉(면)에, 바깥쪽에
mouth	입	over there	저쪽에, 저기에는
much	(양이) 많은	**P**	
muffin	머핀	page	쪽, 페이지
museum	박물관, 미술관	paint	(그림물감으로)그리다
N		pancake	팬케이크
napkin	냅킨	panda	판다
need	~를 필요로 하다	parade	행진
neighbor	이웃	parents	부모님

party	파티	present	선물
pasta	파스타	purple	보라색
peach	복숭아	**R**	
peanut	땅콩	race	경주
pen pal	펜팔 친구	rain	비
people	사람들	rarely	거의 ~하지 않다
performer	공연하는 사람	read aloud	낭독하다, 소리내어 읽다
pharmacy	약국	recipe	요리법
picture book	그림책	record	기록
piece	(자른 것의) 한 부분, 조각	red pepper paste	고추장
pilot	비행기 조종사	regular customer	단골 고객, 단골 손님
plane	비행기	restaurant	레스토랑
plant	식물, 초목; (식물을) 심다	return	돌아오다, 방황하다
play	놀다	ride	~를 타다
play catch	캐치볼을 하다	robot	로봇
playground	놀이터	rocket	로켓; 치솟다
point	~를 가리키다; 의견, 요점	roller skates	롤러스케이트
police officer	경찰	roof	지붕, 천장
pool	수영장, 풀장	running	달리기
popular	인기 있는	**S**	
position	위치	sandwich	샌드위치
post office	우체국	scarf	목도리
practice	연습; 연습하다	schedule	시간표, 일정표
prefer A to B	B보다 A를 (더) 좋아하다	science	과학

search	찾기, 수색; 찾다	sometimes	때때로
season	계절	space	우주, 공간, 장소
seed	씨앗, 종자	special	특별한
sesame oil	참기름	spaghetti	스파게티
shape	모양, 상태	splash	물속에서 첨벙거리다
shopkeeper	가게주인	stadium	스타디움
shopping mall	쇼핑몰	stamp	우표
short	키가 작은	stomach	(사람의) 배, 위
should	~를 해야 한다	supermarket	슈퍼마켓
shout	소리지르다	survey	(설문) 조사; 살피다
show	보여주다	sweets	사탕
single	하나의	swim	수영하다, 헤엄치다
skate	스케이트; 스케이트 타다	swimsuit	수영복
skateboard	스케이트보드	**T**	
ski	스키; 스키 타다	take a break	휴식을 취하다
sleepy	졸리운, 졸음이 오는	take A for a walk	A를 산책하러 데리고 가다
slice	(얇게 썬) 조각	take a picture of	~의 사진을 찍다
slow	느린	tall	키가 큰
smart	똑똑한	taste	맛, 맛이~하다
smile	미소짓다; 웃음, 미소	taxi driver	택시기사
smoothly	순조롭게, 부드럽게	tennis	테니스
snack	간식	than	~보다
snake	뱀	then	그리고 나서
snowman	눈사람	thirsty	목이 마른

though	그럼에도 불구하고
throw	던지다
Thursday	목요일
tissue	휴지
today	오늘, 오늘날에, 요즘
together	모두, 같이, 함께
toilet	화장실
tomorrow	내일
towards	(어떤 방향) 쪽으로
toy store	장난감 가게
treasure	보물
triangle	삼각형
trip	여행
twelve	12
twin	쌍둥이

U

under	~ 아래에
up and down	아래 위로
use	쓰다, 남용하다

V

vacation	방학, 휴가
vanilla	바닐라
vegetable	야채
visit	방문하다, 찾아가다

W

wait	기다리다
walk along	~따라 걷다, 계속 걷다
weak	약한, 힘이 없는
weather	날씨, 기상, 일기
weekend	주말
weekly	매주의, 주간의
weight	몸무게
which	어떤
who	누구
why	왜
will	~를 할 것이다
win a prize	상을 타다
woman	여자
worm	벌레, 지렁이
write	(글을) 쓰다, 작성하다

Y

yesterday	어제
yet	아직
yogurt	요구르트
young	젊은

국제영어능력인증시험 (TOSEL)

국제토셀위원회

BASIC

한글이름	감독확인

SECTION I

문항	A B C D	문항	A B C D
1	Ⓐ Ⓑ Ⓒ Ⓓ	16	Ⓐ Ⓑ Ⓒ Ⓓ
2	Ⓐ Ⓑ Ⓒ Ⓓ	17	Ⓐ Ⓑ Ⓒ Ⓓ
3	Ⓐ Ⓑ Ⓒ Ⓓ	18	Ⓐ Ⓑ Ⓒ Ⓓ
4	Ⓐ Ⓑ Ⓒ Ⓓ	19	Ⓐ Ⓑ Ⓒ Ⓓ
5	Ⓐ Ⓑ Ⓒ Ⓓ	20	Ⓐ Ⓑ Ⓒ Ⓓ
6	Ⓐ Ⓑ Ⓒ Ⓓ	21	Ⓐ Ⓑ Ⓒ Ⓓ
7	Ⓐ Ⓑ Ⓒ Ⓓ	22	Ⓐ Ⓑ Ⓒ Ⓓ
8	Ⓐ Ⓑ Ⓒ Ⓓ	23	Ⓐ Ⓑ Ⓒ Ⓓ
9	Ⓐ Ⓑ Ⓒ Ⓓ	24	Ⓐ Ⓑ Ⓒ Ⓓ
10	Ⓐ Ⓑ Ⓒ Ⓓ	25	Ⓐ Ⓑ Ⓒ Ⓓ
11	Ⓐ Ⓑ Ⓒ Ⓓ	26	Ⓐ Ⓑ Ⓒ Ⓓ
12	Ⓐ Ⓑ Ⓒ Ⓓ	27	Ⓐ Ⓑ Ⓒ Ⓓ
13	Ⓐ Ⓑ Ⓒ Ⓓ	28	Ⓐ Ⓑ Ⓒ Ⓓ
14	Ⓐ Ⓑ Ⓒ Ⓓ	29	Ⓐ Ⓑ Ⓒ Ⓓ
15	Ⓐ Ⓑ Ⓒ Ⓓ	30	Ⓐ Ⓑ Ⓒ Ⓓ

SECTION II

문항	A B C D	문항	A B C D
1	Ⓐ Ⓑ Ⓒ Ⓓ	16	Ⓐ Ⓑ Ⓒ Ⓓ
2	Ⓐ Ⓑ Ⓒ Ⓓ	17	Ⓐ Ⓑ Ⓒ Ⓓ
3	Ⓐ Ⓑ Ⓒ Ⓓ	18	Ⓐ Ⓑ Ⓒ Ⓓ
4	Ⓐ Ⓑ Ⓒ Ⓓ	19	Ⓐ Ⓑ Ⓒ Ⓓ
5	Ⓐ Ⓑ Ⓒ Ⓓ	20	Ⓐ Ⓑ Ⓒ Ⓓ
6	Ⓐ Ⓑ Ⓒ Ⓓ	21	Ⓐ Ⓑ Ⓒ Ⓓ
7	Ⓐ Ⓑ Ⓒ Ⓓ	22	Ⓐ Ⓑ Ⓒ Ⓓ
8	Ⓐ Ⓑ Ⓒ Ⓓ	23	Ⓐ Ⓑ Ⓒ Ⓓ
9	Ⓐ Ⓑ Ⓒ Ⓓ	24	Ⓐ Ⓑ Ⓒ Ⓓ
10	Ⓐ Ⓑ Ⓒ Ⓓ	25	Ⓐ Ⓑ Ⓒ Ⓓ
11	Ⓐ Ⓑ Ⓒ Ⓓ	26	Ⓐ Ⓑ Ⓒ Ⓓ
12	Ⓐ Ⓑ Ⓒ Ⓓ	27	Ⓐ Ⓑ Ⓒ Ⓓ
13	Ⓐ Ⓑ Ⓒ Ⓓ	28	Ⓐ Ⓑ Ⓒ Ⓓ
14	Ⓐ Ⓑ Ⓒ Ⓓ	29	Ⓐ Ⓑ Ⓒ Ⓓ
15	Ⓐ Ⓑ Ⓒ Ⓓ	30	Ⓐ Ⓑ Ⓒ Ⓓ

수 험 번 호

(1) 0 1 2 3 4 5 6 7 8 9

(2) 0 1 2 3 4 5 6 7 8 9

주의사항

1. 수험번호 및 답안은 검은색 사인펜을 사용해서 <보기>와 같이 표기합니다.
   <보기> 바른표기 : ●

2. 수험번호(1)에는 아라비아 숫자로 쓰고, (2)에는 해당란에 표기합니다.

3. 답안 수정은 수정 테이프로 흔적을 깨끗이 지웁니다.

4. 수험번호 및 답안 작성란 이외의 여백에 낙서를 하지 마시기 바랍니다. 이로 인한 불이익은 수험자 본인 책임입니다.

5. 마킹오류로 채점 불가능한 답안은 0점 처리되오니, 이점 유의하시기 바랍니다.

* 정기시험 OMR로 사용이 불가합니다.

국제 영어능력인증시험 (TOSEL)

국제토셀위원회

BASIC

한글이름		감독확인

SECTION I

문항	A B C D	문항	A B C D
1	Ⓐ Ⓑ Ⓒ Ⓓ	16	Ⓐ Ⓑ Ⓒ Ⓓ
2	Ⓐ Ⓑ Ⓒ Ⓓ	17	Ⓐ Ⓑ Ⓒ Ⓓ
3	Ⓐ Ⓑ Ⓒ Ⓓ	18	Ⓐ Ⓑ Ⓒ Ⓓ
4	Ⓐ Ⓑ Ⓒ Ⓓ	19	Ⓐ Ⓑ Ⓒ Ⓓ
5	Ⓐ Ⓑ Ⓒ Ⓓ	20	Ⓐ Ⓑ Ⓒ Ⓓ
6	Ⓐ Ⓑ Ⓒ Ⓓ	21	Ⓐ Ⓑ Ⓒ Ⓓ
7	Ⓐ Ⓑ Ⓒ Ⓓ	22	Ⓐ Ⓑ Ⓒ Ⓓ
8	Ⓐ Ⓑ Ⓒ Ⓓ	23	Ⓐ Ⓑ Ⓒ Ⓓ
9	Ⓐ Ⓑ Ⓒ Ⓓ	24	Ⓐ Ⓑ Ⓒ Ⓓ
10	Ⓐ Ⓑ Ⓒ Ⓓ	25	Ⓐ Ⓑ Ⓒ Ⓓ
11	Ⓐ Ⓑ Ⓒ Ⓓ	26	Ⓐ Ⓑ Ⓒ Ⓓ
12	Ⓐ Ⓑ Ⓒ Ⓓ	27	Ⓐ Ⓑ Ⓒ Ⓓ
13	Ⓐ Ⓑ Ⓒ Ⓓ	28	Ⓐ Ⓑ Ⓒ Ⓓ
14	Ⓐ Ⓑ Ⓒ Ⓓ	29	Ⓐ Ⓑ Ⓒ Ⓓ
15	Ⓐ Ⓑ Ⓒ Ⓓ	30	Ⓐ Ⓑ Ⓒ Ⓓ

SECTION II

문항	A B C D	문항	A B C D
1	Ⓐ Ⓑ Ⓒ Ⓓ	16	Ⓐ Ⓑ Ⓒ Ⓓ
2	Ⓐ Ⓑ Ⓒ Ⓓ	17	Ⓐ Ⓑ Ⓒ Ⓓ
3	Ⓐ Ⓑ Ⓒ Ⓓ	18	Ⓐ Ⓑ Ⓒ Ⓓ
4	Ⓐ Ⓑ Ⓒ Ⓓ	19	Ⓐ Ⓑ Ⓒ Ⓓ
5	Ⓐ Ⓑ Ⓒ Ⓓ	20	Ⓐ Ⓑ Ⓒ Ⓓ
6	Ⓐ Ⓑ Ⓒ Ⓓ	21	Ⓐ Ⓑ Ⓒ Ⓓ
7	Ⓐ Ⓑ Ⓒ Ⓓ	22	Ⓐ Ⓑ Ⓒ Ⓓ
8	Ⓐ Ⓑ Ⓒ Ⓓ	23	Ⓐ Ⓑ Ⓒ Ⓓ
9	Ⓐ Ⓑ Ⓒ Ⓓ	24	Ⓐ Ⓑ Ⓒ Ⓓ
10	Ⓐ Ⓑ Ⓒ Ⓓ	25	Ⓐ Ⓑ Ⓒ Ⓓ
11	Ⓐ Ⓑ Ⓒ Ⓓ	26	Ⓐ Ⓑ Ⓒ Ⓓ
12	Ⓐ Ⓑ Ⓒ Ⓓ	27	Ⓐ Ⓑ Ⓒ Ⓓ
13	Ⓐ Ⓑ Ⓒ Ⓓ	28	Ⓐ Ⓑ Ⓒ Ⓓ
14	Ⓐ Ⓑ Ⓒ Ⓓ	29	Ⓐ Ⓑ Ⓒ Ⓓ
15	Ⓐ Ⓑ Ⓒ Ⓓ	30	Ⓐ Ⓑ Ⓒ Ⓓ

수 험 번 호

(1) | (2)

⓪ ① ② ③ ④ ⑤ ⑥ ⑦ ⑧ ⑨

주의사항

1. 수험번호 및 답안은 검은색 사인펜을 사용해서 〈보기〉와 같이 표기합니다.
   〈보기〉 바른표기 : ● 틀린표기 : ⊙ ⊗ ⊘ ◑ ◎
2. 수험번호(1)에는 아라비아 숫자로 쓰고, (2)에는 해당란에 ● 표기합니다.
3. 답안 수정은 수정 테이프로 흔적을 깨끗이 지웁니다.
4. 수험번호 및 답안 작성란 이외의 여백에 낙서를 하지 마시기 바랍니다. 이로 인한 불이익은 수험자 본인 책임입니다.
5. 마킹오류로 채점 불가능한 답안은 0점 처리되오니, 이점 유의하시기 바랍니다.

국제영어능력인증시험 (TOSEL)

BASIC

한글이름

감독확인

SECTION I

문항	A	B	C	D	문항	A	B	C	D
1	Ⓐ	Ⓑ	Ⓒ	Ⓓ	16	Ⓐ	Ⓑ	Ⓒ	Ⓓ
2	Ⓐ	Ⓑ	Ⓒ	Ⓓ	17	Ⓐ	Ⓑ	Ⓒ	Ⓓ
3	Ⓐ	Ⓑ	Ⓒ	Ⓓ	18	Ⓐ	Ⓑ	Ⓒ	Ⓓ
4	Ⓐ	Ⓑ	Ⓒ	Ⓓ	19	Ⓐ	Ⓑ	Ⓒ	Ⓓ
5	Ⓐ	Ⓑ	Ⓒ	Ⓓ	20	Ⓐ	Ⓑ	Ⓒ	Ⓓ
6	Ⓐ	Ⓑ	Ⓒ	Ⓓ	21	Ⓐ	Ⓑ	Ⓒ	Ⓓ
7	Ⓐ	Ⓑ	Ⓒ	Ⓓ	22	Ⓐ	Ⓑ	Ⓒ	Ⓓ
8	Ⓐ	Ⓑ	Ⓒ	Ⓓ	23	Ⓐ	Ⓑ	Ⓒ	Ⓓ
9	Ⓐ	Ⓑ	Ⓒ	Ⓓ	24	Ⓐ	Ⓑ	Ⓒ	Ⓓ
10	Ⓐ	Ⓑ	Ⓒ	Ⓓ	25	Ⓐ	Ⓑ	Ⓒ	Ⓓ
11	Ⓐ	Ⓑ	Ⓒ	Ⓓ	26	Ⓐ	Ⓑ	Ⓒ	Ⓓ
12	Ⓐ	Ⓑ	Ⓒ	Ⓓ	27	Ⓐ	Ⓑ	Ⓒ	Ⓓ
13	Ⓐ	Ⓑ	Ⓒ	Ⓓ	28	Ⓐ	Ⓑ	Ⓒ	Ⓓ
14	Ⓐ	Ⓑ	Ⓒ	Ⓓ	29	Ⓐ	Ⓑ	Ⓒ	Ⓓ
15	Ⓐ	Ⓑ	Ⓒ	Ⓓ	30	Ⓐ	Ⓑ	Ⓒ	Ⓓ

SECTION II

문항	A	B	C	D	문항	A	B	C	D
1	Ⓐ	Ⓑ	Ⓒ	Ⓓ	16	Ⓐ	Ⓑ	Ⓒ	Ⓓ
2	Ⓐ	Ⓑ	Ⓒ	Ⓓ	17	Ⓐ	Ⓑ	Ⓒ	Ⓓ
3	Ⓐ	Ⓑ	Ⓒ	Ⓓ	18	Ⓐ	Ⓑ	Ⓒ	Ⓓ
4	Ⓐ	Ⓑ	Ⓒ	Ⓓ	19	Ⓐ	Ⓑ	Ⓒ	Ⓓ
5	Ⓐ	Ⓑ	Ⓒ	Ⓓ	20	Ⓐ	Ⓑ	Ⓒ	Ⓓ
6	Ⓐ	Ⓑ	Ⓒ	Ⓓ	21	Ⓐ	Ⓑ	Ⓒ	Ⓓ
7	Ⓐ	Ⓑ	Ⓒ	Ⓓ	22	Ⓐ	Ⓑ	Ⓒ	Ⓓ
8	Ⓐ	Ⓑ	Ⓒ	Ⓓ	23	Ⓐ	Ⓑ	Ⓒ	Ⓓ
9	Ⓐ	Ⓑ	Ⓒ	Ⓓ	24	Ⓐ	Ⓑ	Ⓒ	Ⓓ
10	Ⓐ	Ⓑ	Ⓒ	Ⓓ	25	Ⓐ	Ⓑ	Ⓒ	Ⓓ
11	Ⓐ	Ⓑ	Ⓒ	Ⓓ	26	Ⓐ	Ⓑ	Ⓒ	Ⓓ
12	Ⓐ	Ⓑ	Ⓒ	Ⓓ	27	Ⓐ	Ⓑ	Ⓒ	Ⓓ
13	Ⓐ	Ⓑ	Ⓒ	Ⓓ	28	Ⓐ	Ⓑ	Ⓒ	Ⓓ
14	Ⓐ	Ⓑ	Ⓒ	Ⓓ	29	Ⓐ	Ⓑ	Ⓒ	Ⓓ
15	Ⓐ	Ⓑ	Ⓒ	Ⓓ	30	Ⓐ	Ⓑ	Ⓒ	Ⓓ

수 험 번 호

(1)

0	①	②	③	④	⑤	⑥	⑦	⑧	⑨
0	①	②	③	④	⑤	⑥	⑦	⑧	⑨
0	①	②	③	④	⑤	⑥	⑦	⑧	⑨
0	①	②	③	④	⑤	⑥	⑦	⑧	⑨
0	①	②	③	④	⑤	⑥	⑦	⑧	⑨

(2)

0	①	②	③	④	⑤	⑥	⑦	⑧	⑨
0	①	②	③	④	⑤	⑥	⑦	⑧	⑨
0	①	②	③	④	⑤	⑥	⑦	⑧	⑨
0	①	②	③	④	⑤	⑥	⑦	⑧	⑨
0	①	②	③	④	⑤	⑥	⑦	⑧	⑨

주 의 사 항

1. 수험번호 및 답안은 검은색 사인펜을 사용해서 <보기>와 같이 표기합니다.
   <보기> 바른표기 : ● 틀린표기 : ⊙ ⊗ ◑ ◎

2. 수험번호 (1)에는 아라비아 숫자로 쓰고, (2)에는 해당란에 ● 표기합니다.

3. 답안 수정은 수정 테이프로 흔적을 깨끗이 지웁니다.

4. 답안 및 답안 작성란 이외의 여백에 낙서를 하지 마시기 바랍니다. 이로 인한 불이익은 수험자 본인 책임입니다.

5. 마킹오류로 채점 불가능한 답안은 0점 처리되오니, 이점 유의하시기 바랍니다.

국제영어능력인증시험 (TOSEL)

국제토셀위원회

BASIC

한글이름 / 감독확인

수 험 번 호

(1)

(2)

문항	A B C D	문항	A B C D	문항	A B C D	문항	A B C D
	SECTION I				**SECTION II**		
1	A B C D	16	A B C D	1	A B C D	16	A B C D
2	A B C D	17	A B C D	2	A B C D	17	A B C D
3	A B C D	18	A B C D	3	A B C D	18	A B C D
4	A B C D	19	A B C D	4	A B C D	19	A B C D
5	A B C D	20	A B C D	5	A B C D	20	A B C D
6	A B C D	21	A B C D	6	A B C D	21	A B C D
7	A B C D	22	A B C D	7	A B C D	22	A B C D
8	A B C D	23	A B C D	8	A B C D	23	A B C D
9	A B C D	24	A B C D	9	A B C D	24	A B C D
10	A B C D	25	A B C D	10	A B C D	25	A B C D
11	A B C D	26	A B C D	11	A B C D	26	A B C D
12	A B C D	27	A B C D	12	A B C D	27	A B C D
13	A B C D	28	A B C D	13	A B C D	28	A B C D
14	A B C D	29	A B C D	14	A B C D	29	A B C D
15	A B C D	30	A B C D	15	A B C D	30	A B C D

주의사항

1. 수험번호 및 답안은 검은색 사인펜을 사용해서 〈보기〉와 같이 표기합니다.
   〈보기〉 바른표기 : ● 틀린표기 : ⊙ ⊗ ◑ ◯
2. 수험번호(1)에는 아라비아 숫자로 쓰고, (2)에는 해당란에 표기합니다.
3. 답안 수정은 수정 테이프로 흔적을 깨끗이 지웁니다.
4. 수험번호 및 답안 작성란 이외의 여백에 낙서를 하지 마시기 바랍니다. 이로 인한 불이익은 수험자 본인 책임입니다.
5. 마킹오류로 채점 불가능한 답안은 0점 처리되오니, 이점 유의하시기 바랍니다.

* 정기시험 OMR로 사용이 불가합니다.

국제영어능력인증시험 (TOSEL)

BASIC

한글이름

감독확인

수 험 번 호

(1)	⓪ ① ② ③ ④ ⑤ ⑥ ⑦ ⑧ ⑨	⓪ ① ② ③ ④ ⑤ ⑥ ⑦ ⑧ ⑨	⓪ ① ② ③ ④ ⑤ ⑥ ⑦ ⑧ ⑨	⓪ ① ② ③ ④ ⑤ ⑥ ⑦ ⑧ ⑨	—	⓪ ① ② ③ ④ ⑤ ⑥ ⑦ ⑧ ⑨	—	⓪ ① ② ③ ④ ⑤ ⑥ ⑦ ⑧ ⑨			
(2)	⓪ ① ② ③ ④ ⑤ ⑥ ⑦ ⑧ ⑨	⓪ ① ② ③ ④ ⑤ ⑥ ⑦ ⑧ ⑨	⓪ ① ② ③ ④ ⑤ ⑥ ⑦ ⑧ ⑨	⓪ ① ② ③ ④ ⑤ ⑥ ⑦ ⑧ ⑨	—	⓪ ① ② ③ ④ ⑤ ⑥ ⑦ ⑧ ⑨	—	⓪ ① ② ③ ④ ⑤ ⑥ ⑦ ⑧ ⑨			

SECTION I

문항	A B C D	문항	A B C D
1	Ⓐ Ⓑ Ⓒ Ⓓ	16	Ⓐ Ⓑ Ⓒ Ⓓ
2	Ⓐ Ⓑ Ⓒ Ⓓ	17	Ⓐ Ⓑ Ⓒ Ⓓ
3	Ⓐ Ⓑ Ⓒ Ⓓ	18	Ⓐ Ⓑ Ⓒ Ⓓ
4	Ⓐ Ⓑ Ⓒ Ⓓ	19	Ⓐ Ⓑ Ⓒ Ⓓ
5	Ⓐ Ⓑ Ⓒ Ⓓ	20	Ⓐ Ⓑ Ⓒ Ⓓ
6	Ⓐ Ⓑ Ⓒ Ⓓ	21	Ⓐ Ⓑ Ⓒ Ⓓ
7	Ⓐ Ⓑ Ⓒ Ⓓ	22	Ⓐ Ⓑ Ⓒ Ⓓ
8	Ⓐ Ⓑ Ⓒ Ⓓ	23	Ⓐ Ⓑ Ⓒ Ⓓ
9	Ⓐ Ⓑ Ⓒ Ⓓ	24	Ⓐ Ⓑ Ⓒ Ⓓ
10	Ⓐ Ⓑ Ⓒ Ⓓ	25	Ⓐ Ⓑ Ⓒ Ⓓ
11	Ⓐ Ⓑ Ⓒ Ⓓ	26	Ⓐ Ⓑ Ⓒ Ⓓ
12	Ⓐ Ⓑ Ⓒ Ⓓ	27	Ⓐ Ⓑ Ⓒ Ⓓ
13	Ⓐ Ⓑ Ⓒ Ⓓ	28	Ⓐ Ⓑ Ⓒ Ⓓ
14	Ⓐ Ⓑ Ⓒ Ⓓ	29	Ⓐ Ⓑ Ⓒ Ⓓ
15	Ⓐ Ⓑ Ⓒ Ⓓ	30	Ⓐ Ⓑ Ⓒ Ⓓ

SECTION II

문항	A B C D	문항	A B C D
1	Ⓐ Ⓑ Ⓒ Ⓓ	16	Ⓐ Ⓑ Ⓒ Ⓓ
2	Ⓐ Ⓑ Ⓒ Ⓓ	17	Ⓐ Ⓑ Ⓒ Ⓓ
3	Ⓐ Ⓑ Ⓒ Ⓓ	18	Ⓐ Ⓑ Ⓒ Ⓓ
4	Ⓐ Ⓑ Ⓒ Ⓓ	19	Ⓐ Ⓑ Ⓒ Ⓓ
5	Ⓐ Ⓑ Ⓒ Ⓓ	20	Ⓐ Ⓑ Ⓒ Ⓓ
6	Ⓐ Ⓑ Ⓒ Ⓓ	21	Ⓐ Ⓑ Ⓒ Ⓓ
7	Ⓐ Ⓑ Ⓒ Ⓓ	22	Ⓐ Ⓑ Ⓒ Ⓓ
8	Ⓐ Ⓑ Ⓒ Ⓓ	23	Ⓐ Ⓑ Ⓒ Ⓓ
9	Ⓐ Ⓑ Ⓒ Ⓓ	24	Ⓐ Ⓑ Ⓒ Ⓓ
10	Ⓐ Ⓑ Ⓒ Ⓓ	25	Ⓐ Ⓑ Ⓒ Ⓓ
11	Ⓐ Ⓑ Ⓒ Ⓓ	26	Ⓐ Ⓑ Ⓒ Ⓓ
12	Ⓐ Ⓑ Ⓒ Ⓓ	27	Ⓐ Ⓑ Ⓒ Ⓓ
13	Ⓐ Ⓑ Ⓒ Ⓓ	28	Ⓐ Ⓑ Ⓒ Ⓓ
14	Ⓐ Ⓑ Ⓒ Ⓓ	29	Ⓐ Ⓑ Ⓒ Ⓓ
15	Ⓐ Ⓑ Ⓒ Ⓓ	30	Ⓐ Ⓑ Ⓒ Ⓓ

주의사항

1. 수험번호 및 답안은 검은색 사인펜을 사용해서 <보기>와 같이 표기합니다.
   <보기> 바른표기 : ● 틀린표기 : ⓥ ⓧ ◐ ◉
2. 수험번호(1)에는 아라비아 숫자로 쓰고, (2)에는 해당란에 표기합니다.
3. 답안 수정은 수정 테이프로 흔적을 깨끗이 지웁니다.
4. 수험번호 및 답안 작성란 이외의 답안지 여백에 낙서를 하지 마시기 바랍니다. 이로 인한 불이익은 수험자 본인 책임입니다.
5. 마킹오류로 채점 불가능한 답안은 0점 처리되오니, 이점 유의하시기 바랍니다.

국제토셀위원회

엄선된 **100만 명**의 응시자 성적 데이터를 활용한 **AI기반** 데이터 공유 및 가치 고도화 **플랫폼**

TOSEL® Lab

공동기획
- 고려대학교 문과대학 언어정보연구소
- 국제토셀위원회

TOSEL Lab 이란?

국내외 15,000여 개 학교·학원 단체응시인원 중 엄선한 100만 명 이상의 실제 TOSEL 성적 데이터와, 정부(과학기술정보통신부)의 AI 바우처 지원 사업 수행기관 선정으로 개발된 맞춤식 AI 빅데이터 기반 영어성장 플랫폼입니다.

TOSEL Lab
지정교육기관 혜택

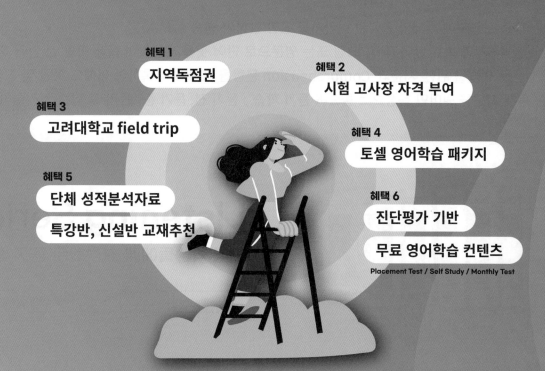

혜택 1
지역독점권

혜택 2
시험 고사장 자격 부여

혜택 3
고려대학교 field trip

혜택 4
토셀 영어학습 패키지

혜택 5
단체 성적분석자료

특강반, 신설반 교재추천

혜택 6
진단평가 기반

무료 영어학습 컨텐츠

Placement Test / Self Study / Monthly Test

학원장의 실질적인 비용부담 없이
TOSEL® Lab
브랜드를 사용할 수 있는 기회

TOSEL Lab 에는 어떤 콘텐츠가 있나요?

진단 맞춤형 레벨테스트로
정확한 평가 제공

응시자 빅데이터 분석에 기반한
테스트로 신규 상담 학생의
영어능력을 정확하게 진단하고
효과적인 영어 교육을 실시하기
위한 객관적인 가이드라인을
제공합니다.

교재 세분화된 레벨로
실력에 맞는 학습 제공

TOSEL의 세분화된 교재 레벨은
각 연령에 맞는 어휘와 읽기
지능 및 교과 과정과의 연계가
가능하도록 설계된 교재들로
효과적인 학습 커리큘럼을
제공합니다.

학습 다양한 교재연계 콘텐츠로
효과적인 자기주도학습

TOSEL 시험을 대비한 다양한
콘텐츠를 제공해 영어 학습에
시너지 효과를 기대할 수
있으며, 학생들의 자기주도
학습 습관을 더 탄탄하게
키울 수 있습니다.

Reading Series
내신과 **토셀 고득점**을 한꺼번에

Pre-Starter | Starter | Basic | Junior | High-Junior

- 각 단원 학습 도입부에 주제와 관련된 이미지를 통한 말하기 연습
- 각 Unit 별 4-6개의 목표 단어 제시, 그림 또는 영문으로 단어 뜻을 제공하여 독해 학습 전 단어 숙지
- 독해&실용문 연습을 위한 지문과 Comprehension 문항을 10개씩 수록하여 이해도 확인 및 진단
- 숙지한 독해 지문을 원어민 음성으로 들으며 듣기 학습 , 듣기 전, 듣기 중, 듣기 후 학습 커리큘럼 마련

Listening Series
한국 학생들에게 최적화된 듣기 실력 완성!

Pre-Starter | Starter | Basic | Junior | High-Junior

- 초등 / 중등 교과과정 연계 말하기&듣기 학습과 세분화된 레벨
- TOSEL 기출 문장과 실생활에 자주 활용되는 문장 패턴을 통해 듣기 및 말하기 학습
- 실제 TOSEL 지문의 예문을 활용한 실용적 학습 제공
- 실전 감각 향상과 점검을 위한 기출 문제 수록

Speaking Serie
출간예정

Grammar Series

체계적인 단계별 **문법 지침서**

Pre-Starter | Starter | Basic | Junior | High-Junior

- 초등 / 중등 교과과정 연계 문법 학습과 세분화된 레벨
- TOSEL 기출 문제 연습과 최신 수능 출제 문법을 포함하여 수능 / 내신 대비 가능
- 이해하기 쉬운 그림, 깔끔하게 정리된 표와 설명, 다양한 문제를 통해 문법 학습
- 실전 감각 향상과 점검을 위한 기출 문제 수록

Voca Series

학년별 꼭 알아야하는 **단어 수록!**

Pre-Starter | Starter | Basic | Junior | High-Junior

- 각 단어 학습 도입부에 주제와 관련된 이미지를 통한 말하기 연습
- TOSEL 시험을 기준으로 빈출 지표를 활용한 예문과 문제 구성
- 실제 TOSEL 지문의 예문을 활용한 실용적 학습 제공
- 실전 감각 향상과 점검을 위한 실전 문제 수록

Story Series

읽는 재미에 실력까지 **동시에!**

Pre-Starter | Starter | Basic | Junior

- 초등 / 중등 교과과정 연계 영어 학습과 세분화된 레벨
- 이야기 지문과 단어를 함께 연결지어 학생들의 독해 능력을 평가
- 이해하기 쉬운 그림, 깔끔하게 정리된 표와 설명, 다양한 문제, 재미있는 스토리를 통한 독해 학습
- 다양한 단계의 문항을 풀어보고 학생들의 읽기, 듣기, 쓰기, 말하기 실력을 집중적으로 향상

교재를 100% 활용하는 TOSEL Lab 지정교육기관의 노하우!

Teaching Materials

TOSEL에서 제공하는 수업 자료로
교재 학습을 더욱 효과적으로 진행!

Study Content

철저한 자기주도학습 콘텐츠로
교재 수업 후 효과적인 복습!

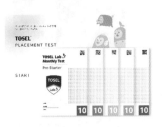

Test Content

교재 학습과 더불어 학생 맞춤형
시험으로 실력 점검 및 향상

100만 명으로 엄선된 **TOSEL**
성적 데이터로 탄생!

TOSEL Lab 지정교육기관을 위한 콘텐츠로 더욱 효과적인 수업을 경험하세요.

국제토셀위원회는 TOSEL Lab 지정교육기관에서 교재로
수업하는 학원을 위해 교재를 잘 활용할 수 있는 다양한
콘텐츠를 제공 및 지원합니다.

TOSEL Lab 지정교육기관은

국제토셀위원회 직속 TOSEL연구소에서 20년 동안 보유해온
전국 15,000여 개 교육기관 토셀 응시자들의 영어성적 분석데이터를
공유받아, 통계를 기반으로 한 전문적이고 과학적인 커리큘럼을 설계하고,
영어학습 방향을 제시하여,경쟁력있는 기관, 잘 가르치는 기관으로
해당 지역에서 입지를 다지게 됩니다.

TOSEL Lab 지정교육기관으로 선정되기 위해서는
소정의 **심사 절차**가 수반됩니다.

TOSEL Lab
심사신청

TOSEL Lab
더 알아보기

TOSEL® Lab

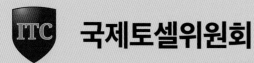

국제토셀위원회

TOSEL®
예상문제집 개정판

BASIC
정답 및 해설

TOSEL® 예상문제집

BASIC

정답 및 해설

TOSEL BASIC

실전 1회

Section I Listening and Speaking

1 **(A)**	2 **(B)**	3 **(C)**	4 **(D)**	5 **(D)**
6 **(A)**	7 **(B)**	8 **(A)**	9 **(C)**	10 **(C)**
11 **(D)**	12 **(C)**	13 **(D)**	14 **(C)**	15 **(B)**
16 **(C)**	17 **(B)**	18 **(A)**	19 **(B)**	20 **(B)**
21 **(A)**	22 **(A)**	23 **(D)**	24 **(B)**	25 **(A)**
26 **(B)**	27 **(C)**	28 **(A)**	29 **(C)**	30 **(D)**

Section II Reading and Writing

1 **(B)**	2 **(A)**	3 **(D)**	4 **(A)**	5 **(C)**
6 **(A)**	7 **(B)**	8 **(C)**	9 **(D)**	10 **(D)**
11 **(B)**	12 **(C)**	13 **(A)**	14 **(D)**	15 **(C)**
16 **(C)**	17 **(A)**	18 **(D)**	19 **(D)**	20 **(A)**
21 **(C)**	22 **(D)**	23 **(D)**	24 **(B)**	25 **(B)**
26 **(A)**	27 **(B)**	28 **(C)**	29 **(C)**	30 **(D)**

SECTION I LISTENING AND SPEAKING

Part A. Listen and Recognize (p.11)

1. B: There is a glass of milk on the table.
   (A)
해석 소년: 탁자 (위)에 우유 한 잔이 있다.
풀이 우유가 담긴 컵이 있는 그림 (A)가 정답이다.
Words and Phrases glass (유리)잔

2. G: The girl is writing a letter.
   (B)
해석 소녀: 소녀가 편지를 쓰고 있다.
풀이 소녀가 편지를 쓰는 그림 (B)가 정답이다.

3. B: The woman is cooking spaghetti.
   (C)
해석 소년: 여자는 스파게티를 요리하고 있다.
풀이 여자가 스파게티를 요리하는 그림 (C)가 정답이다.
Words and Phrases spaghetti 스파게티

4. G: The boy is swimming in the river.
   (D)
해석 소녀: 소년이 강에서 수영하고 있다.
풀이 소년이 강에서 수영하는 그림 (D)가 정답이다.

5. B: The baby is playing with a toy.
   (D)
해석 소년: 아기가 장난감을 가지고 놀고 있다.
풀이 아이가 장난감을 가지고 노는 그림 (D)가 정답이다.

PART B. Listen and Respond (p.13)

6. G: Let's play outside.
   B: _____
   (A) Okay, let's go.
   (B) You can come.
   (C) That's funny.
   (D) Give it to me.
해석 소녀: 밖에서 놀자.
   소년: _____
   (A) 그래, 가자.
   (B) 너도 와도 돼.
   (C) 그거 재미있다.
   (D) 나한테 줘.
풀이 밖에서 놀자고 제안하는 소녀의 말에 흔쾌히 승낙하는 (A)가 정답이다.
Words and Phrases outside 겉(면), 바깥쪽; 겉에, 밖(바깥)에
   let's …하자 funny 우스운, 웃기는, 재미있는

7. B: When are you going?
   G: _____
   (A) I'm at home.
   (B) I'm going now.
   (C) I'm going to the hospital.
   (D) I'm here.
해석 소년: 너는 언제 갈 거니?
   소녀: _____
   (A) 나는 집에 있어.
   (B) 지금 갈 거야.
   (C) 병원으로 갈 거야.
   (D) 나는 여기 있어.
풀이 언제(when) 가는지 소년의 질문에 지금 가고 있다고 대답하는 (B)가 정답이다.

8. G: Was your trip fun?
   B: _____
   (A) Yes, it was fun.
   (B) Sure, I'm glad you went.
   (C) No, that's foolish.
   (D) Sorry, I'm not interested.
해석 소녀: 여행은 재미있었니?
   소년: _____
   (A) 응 재미있었어.
   (B) 그럼, 네가 가서 기쁘네.
   (C) 아니, 그건 바보 같은 거야.
   (D) 미안해, 나는 별로 관심이 없어.
풀이 여행이 재미있었는지 물어보는 소년의 질문에 재미있었다고 대답한 (A)가
   정답이다.

9. B: Can you write your address on this paper?

G: _____

(A) Okay, you can have the paper.

(B) Yes, I know where you are.

(C) Sure, give me the paper.

(D) No, you can't write it yet.

해석 소년: 네 주소를 이 종이에 적어줄 수 있니?

소녀: _____

(A) 그럼. 네가 종이 가져도 돼.

(B) 응. 나는 네가 어디 있는지 알고 있어.

(C) 물론, 나한테 종이를 줘.

(D) 아니, 아직은 쓸 수 없어.

풀이 주소를 적어달라는 소년의 부탁에 종이를 달라고 대답하는 (C)가 정답이다.

Words and Phrases address 주소; 주소를 쓰다, (누구에게) 말을 걸다

10. G: Is that my pencil?

B: _____

(A) No, I'm not.

(B) Give it to me.

(C) No, it's mine.

(D) That's all right.

해석 소녀: 그거는 내 연필이니?

소년: _____

(A) 아니, 난 아니야.

(B) 나한테 줘.

(C) 아니, 이건 내 거야.

(D) 괜찮아.

풀이 연필이 소녀의 것인지 묻는 질문에 소년이 소년의 것이라고 대답하는 (C)가 정답이다.

Words and Phrases all right 괜찮아

Part C. Listen and Retell (p.14)

11. B: Can I play with your dog?

G: No, Snoopy is sleeping on my bed.

Q: Where is the dog?

(D)

해석 소년: 네 개와 함께 놀아도 되니?

소녀: 아니, Snoopy는 내 침대에서 자고 있어.

질문: 개는 어디에 있나요?

풀이 개와 함께 놀아도 되는지 물어보는 소년의 질문에 침대에서 자고 있다고 소녀가 대답하므로 정답은 (D)다.

12. G: Did you find your skates?

B: Yes, they were in the closet.

Q: Where were the boy's skates?

(C)

해석 소녀: 네 스케이트를 찾았니?

소년: 응, 옷장 안에 있었어.

질문: 소년의 스케이트는 어디에 있었나요?

풀이 스케이트를 찾았는지 묻는 소녀의 질문에 대하여 소년의 옷장에서 찾았다고 했으므로 정답은 (C)다.

Words and Phrases skate 스케이트; 스케이트를 타다 closet 벽장, 옷장

13. B: I can't open this box.

G: Let me help you.

Q: What are they doing?

(D)

해석 소년: 이 상자를 못 열겠어.

소녀: 내가 도와줄게.

질문: 그들은 무엇을 하고 있나요?

풀이 상자를 열지 못하겠다는 소년의 말에 소녀가 돕겠다고 했으므로 정답은 (D)이다.

14. G: We should wash the dishes.

B: Okay, let's get started before Mom comes.

Q: Where are they?

(A) in a swimming pool

(B) in a restaurant

(C) in the kitchen

(D) in the bathroom

해석 소녀: 우리 설거지를 해야 해.

소년: 그래, 엄마 오시기 전에 시작하자.

질문: 그들은 어디에 있나요?

(A) 수영장에

(B) 식당에

(C) 부엌에

(D) 화장실에

풀이 설거지를 해야 한다는 소녀의 말에 엄마가 오시기 전에 시작하자는 소년의 내용에서 부엌이라고 유추할 수 있으므로 정답은 (C)다.

Words and Phrases should …해야 한다 wash the dishes 설거지를 하다 get started (어떤 일을 하기) 시작하다; (엔진)시동을 걸다 before 전(앞)에, …하기 전에 restaurant 식당, 레스토랑

15. B: I'm taking Buster for a walk.

G: Okay, I'll go with you.

Q: What are they going to do?

(A) feed the dog

(B) walk the dog

(C) wash the dog

(D) play with the dog

해석 소년: Buster를 산책시키려고 해.

소녀: 그래, 나도 같이 갈게.

질문: 그들은 무엇을 하려고 하나요?

(A) 강아지 먹이주기

(B) 강아지 산책시키기

(C) 강아지 씻기기

(D) 강아지와 놀기

풀이 소년이 강아지를 산책하러 데리고 가려고 한다고 말하고 소녀가 함께 가겠다고 했으므로 정답은 (B)다.

Words and Phrases take A for a walk A를 산책하러 데리고 가다 feed 밥(우유)을 먹이다. 먹이를 주다

16. G: I'm going to the beach during my vacation.

B: I'll go fishing with my dad.

Q: Where is the girl going for her vacation?

(A) to a river

(B) to a farm

(C) to a beach

(D) to the mountains

해석 소녀: 나는 방학 동안 바닷가에 갈 거야.

소년: 나는 아빠랑 낚시하러 갈 거야.

질문: 소녀는 방학에 어디에 가나요?

(A) 강

(B) 농장

(C) 바닷가

(D) 산

풀이 소년과 소녀의 대화에서 소녀가 바닷가에 간다고 했으므로 정답은 (C)다.

Words and Phrases during ⋯ 동안(내내), (⋯하는) 중에

beach 해변, 바닷가 vacation 방학, 휴가

go fishig 낚시하러 가다

17. B: When is the party?

G: It begins at four and ends at six.

Q: When does the party begin?

(A) at three o'clock

(B) at four o'clock

(C) at five o'clock

(D) at six o'clock

해석 소년: 파티는 언제 하니?

소녀: 4시에 시작해서 6시에 끝나.

질문: 파티는 언제 시작하나요?

(A) 3시에

(B) 4시에

(C) 5시에

(D) 6시에

풀이 파티가 언제 하는지 물어보는 소년의 질문에 소녀가 4시에 시작한다고 했으므로 정답은 (B)다. begin과 end를 구분해서 들어야 한다.

Words and Phrases begin 시작하다 end 끝; 끝나다. 끝내다

[18-19]

G: My friends all have pets. Zoey has a hamster. The hamster lives in a box. Austin has a yellow bird. It lives in a cage. It sings all day. My best friend Thomas has a pet frog. It lives in a glass bowl. I want to get a puppy.

18. Where does the hamster live?

(A) in a box

(B) in a cage

(C) in a bowl

(D) in a basket

19. What does Austin have?

(A) a frog

(B) a bird

(C) a puppy

(D) a mouse

해석 소녀: 내 친구들은 모두 애완동물을 갖고 있다. Zoey는 햄스터를 가지고 있다. 햄스터는 상자 안에서 산다. Austin은 노란 새를 가지고 있다. 그것은 새장 안에서 살고 있다. 새는 하루 종일 노래를 부른다. 내 가장 친한 친구 Thomas는 애완 개구리를 가지고 있다. 그것은 유리 그릇 안에서 산다. 나는 강아지를 갖고 싶다.

18. 햄스터는 어디에 사나요?

(A) 상자에

(B) 새장에

(C) 그릇에

(D) 바구니에

19. Austin이 갖고 있는 것은 무엇인가요?

(A) 개구리

(B) 새

(C) 강아지

(D) 쥐

풀이 Zoey가 기르는 햄스터는 상자 안에 살고 있다고 했으므로 18번의 정답은 (A)다. Austin은 노란 새를 가지고 있다고 했으므로 19번의 정답은 (B)다.

Words and Phrases cage 우리, 새장 all day 하루 종일

glass 유리; (유리)잔; 한 잔(의 양)

bowl (우묵한) 그릇, 통; 한 그릇(의 양)

basket 바구니; 한 바구니(의 양)

[20-21]

B: My parents gave me a camera for my birthday. I took a picture of my parents first. I took a picture of a plant next and then my sister holding a balloon. I also took a picture of my birthday cake on the dining table. Then, we ate the cake together.

20. What did the boy receive for his birthday?

(A) a photo

(B) a camera

(C) a balloon

(D) a picture book

21. What was on the dining table?

(A) a cake

(B) a plant

(C) a picture

(D) a balloon

해석 소년: 우리 부모님은 내 생일에 카메라를 주셨다. 나는 처음에 부모님의 사진을 찍었다. 나는 식물 사진도 찍고 나서, 풍선을 들고 있는 내 여동생 사진도 찍었다. 식탁 위에 있는 생일 케이크도 찍었다. 그리고 우리는 같이 케이크를 먹었다.

20. 소년은 생일에 무엇을 받았나요?

(A) 사진

(B) 카메라

(C) 풍선

(D) 그림책

21. 식탁 위에는 무엇이 있었나요?

    (A) 케이크

    (B) 식물

    (C) 사진

    (D) 풍선

풀이 소년이 부모님으로부터 카메라를 받았다고 했으므로 20번의 정답은 (B)다. 소년이 식탁 위에 있는 케이크 사진을 찍었다고 한 것으로 보아 식탁 위에 케이크가 있다는 것을 유추할 수 있으므로 21번의 정답은 (A)다.

Words and Phrases take a picture of (~의 사진을 찍다) plant 식물, 초목 hold 잡고(쥐고/들고/안고) 있다 balloon 풍선 dining table 식탁 together 함께, 같이 picture book 그림책

[22-23]

G: My mom buys watermelons in the summer. When she buys one, she cuts the watermelon into big slices so everyone can have a piece. My family likes to eat a cold watermelon on a hot day. It cools us down. After that, we play a game with the watermelon seeds. The person who gets the most seeds wins.

22. When does the girl and her family have watermelons?

    (A) on hot days

    (B) on cold days

    (C) on rainy days

    (D) on snowy days

23. Who is the winner of the game?

    (A) the one who eats the most watermelon

    (B) the one who finds the biggest watermelon

    (C) the one with the biggest piece of watermelon

    (D) the one who finds the most watermelon seeds

해석 소녀: 엄마는 여름에 수박을 산다. 엄마가 수박을 사면, 모두가 한 조각씩 먹을 수 있게 수박을 큰 조각으로 자른다. 우리는 더운 날 시원한 수박을 먹는 것을 좋아한다. 그것은 우리의 더위를 식혀준다. 먹은 후 우리는 수박 씨를 가지고 게임을 한다. 씨앗을 가장 많이 가진 사람이 이긴다.

22. 가족을 수박을 언제 먹나요?

    (A) 더운 날

    (B) 추운 날

    (C) 비가 오는 날

    (D) 눈이 오는 날

23. 누가 게임에서 이기나요?

    (A) 수박을 가장 많이 먹는 사람

    (B) 가장 큰 수박을 찾는 사람

    (C) 가장 큰 수박 조각을 가진 사람

    (D) 가장 많은 씨앗을 갖고 있는 사람

풀이 시원한 수박을 더운 날에 먹는 것을 좋아하고 수박이 더위를 식혀준다고 한 것으로 보아 더운 날에 수박을 먹는다고 유추할 수 있으므로 22번의 정답은 (A)다. 씨앗을 가장 많이 가진 사람이 승자가 된다고 했으므로 23번의 정답은 (D)다.

Words and Phrases watermelon 수박 cut into …로 자른 slice (음식을 얇게 썬) 조각 piece (자르거나 나눠 놓은 것의) 한 부분 cool down 식다(시원해지다) seed 씨, 씨앗, 종자

[24-25]

B: I started soccer class today. I went to the field by the school. There were lots of other players. Our soccer teacher showed us how to kick a soccer ball. We ran up and down the field kicking the balls. I had a lot of fun.

24. Where is the field?

    (A) by the park

    (B) by the school

    (C) by the church

    (D) by the supermarket

25. What did the boy learn during class?

    (A) how to kick a ball

    (B) how to catch a ball

    (C) how to throw a ball

    (D) how to bounce a ball

해석 소년: 나는 오늘 축구 수업을 시작했다. 나는 학교 옆 경기장으로 갔다. 많은 선수들이 있었다. 축구선생님께서는 우리들에게 축구공을 어떻게 차는지 보여주셨다. 우리는 공을 차며 운동장을 위아래로 뛰어다녔다. 나는 즐거웠다.

24. 경기장은 어디에 있나요?

    (A) 공원 옆에

    (B) 학교 옆에

    (C) 교회 옆에

    (D) 슈퍼마켓 앞에

25. 소년은 수업에서 무엇을 배웠나요?

    (A) 공을 차는 방법

    (B) 공을 잡는 방법

    (C) 공을 던지는 방법

    (D) 공을 튀기는 방법

풀이 경기장이 학교 옆에 있다고 했으므로 24번의 정답은 (B)다. 선생님께서 축구공을 차는 법을 보여주셨다고 했으므로 25번의 정답은 (A)다.

Words and Phrases field 들판, 밭, 분야, coach (스포츠 팀의) 코치 show 보여 주다 kick (발로) 차다 up and down 아래위로 a lot of 많은 catch (움직이는 물체를) 잡다(받다) throw 던지다 bounce 튀다 ; 튐, 튀어 오름

Part D. Listen and Speak (p.18)

26. G: I will be seven tomorrow.

    B: Happy birthday! Will you have a party?

    G: No, I'm going to go to the zoo.

    B: _____

    (A) I'll see tigers.

    (B) That'll be fun.

    (C) You can come.

    (D) It's my birthday today.

해석 소녀: 내일이면 7살이 돼.

    소년: 생일 축하해! 파티를 할거니?

소녀: 아니, 동물원에 갈 거야.

소녀: _____

(A) 나는 호랑이를 볼 거야.

(B) 재미있겠다.

(C) 너도 와도 돼.

(D) 오늘은 내 생일이야.

풀이 생일에 동물원에 간다는 소녀의 말에 재미있겠다고 응답하는 것이 자연스러우므로 (B)가 정답이다.

27. B: What are you doing?

G: I'm looking for my gloves.

B: Why do you need gloves?

G: _____

(A) I like your new gloves.

(B) I don't need these now.

(C) **I'm going to plant flowers with my mom.**

(D) I'm going to buy gloves.

해석 소년: 무엇을 하고 있니?

소녀: 내 장갑을 찾고 있어.

소년: 왜 장갑이 필요 하니?

소녀: _____

(A) 네 새로운 장갑이 마음에 들어.

(B) 나는 지금 이것이 필요 없어.

(C) 엄마랑 꽃을 심을 거야.

(D) 장갑을 살 거야.

풀이 장갑을 찾고 있는 소녀에게 왜 장갑을 찾는지 소년이 물어볼 때 엄마랑 꽃을 심을 거라고 대답하는 것이 가장 자연스러우므로 정답은 (C)다.

Words and Phrases glove 장갑 look for 찾다, 구하다

need (···을) 필요로 하다, ···해야 하다

28. G: Why are you carrying this box?

B: I need to move it to outside.

G: Let's carry it together.

B: _____

(A) **That's okay.**

(B) I'm searching for it.

(C) I can open it now.

(D) Help yourself.

해석 소녀: 이 상자를 왜 들고 있니?

소년: 이것을 밖으로 옮겨야 해.

소녀: 같이 나르자.

소년: _____

(A) 괜찮아.

(B) 그것을 찾고 있어.

(C) 내가 지금 그것을 열 수 있어.

(D) 마음껏 먹어.

풀이 상자를 같이 들어줘 고맙다고 말하는 소녀에게 괜찮다고 응대하는 (A)가 정답이다.

Words and Phrases heavy 무거운, 육중한 carry 운반하다, 들고(갖고, 지고, 업고) 가다, 소지하다 together 함께, 같이 search 찾기, 수색, 검색; 찾다, 수색하다 help yourself. (음식 등을) 마음대로 드세요.

29. B: Why are you in the kitchen?

G: I'm making a sandwich.

B: Can I have one?

G: _____

(A) Let's make lunch.

(B) Thanks, I'll have one.

(C) **Sure, I'll make another one.**

(D) You make good sandwiches.

해석 소년: 왜 부엌에 있어?

소녀: 샌드위치를 만들고 있어.

소년: 하나 먹어도 되니?

소녀: _____

(A) 같이 점심을 준비하자.

(B) 고마워, 나도 하나 먹을게.

(C) 물론이지, 하나 만들어 줄게.

(D) 샌드위치를 잘 만드는 구나.

풀이 샌드위치를 하나 먹어도 되는지 물어보는 소년의 부탁에 하나 만들어 준다는 소녀의 대답 (C)가 정답이다.

Words and Phrases another 또 하나(의), 더, 또; 다른, 다른 사람

30. G: I like chocolate chip cookies.

B: I prefer pie to cookies.

G: What's your favorite pie?

B: _____

(A) It doesn't taste like apple pies.

(B) This pie is fresh from the oven.

(C) Try this chocolate cream pie.

(D) **I love pumpkin pies.**

해석 소녀: 나는 초콜릿 칩 쿠키를 좋아해.

소년: 나는 쿠키보다는 파이를 더 좋아해.

소녀: 네가 제일 좋아하는 파이는 뭐니?

소년: _____

(A) 이것은 사과파이 맛이 안 나.

(B) 이 파이는 갓 오븐에서 구운 것이야.

(C) 이 초콜릿 크림파이 좀 먹어봐.

(D) 나는 호박파이를 매우 좋아해.

풀이 초콜릿 칩 쿠키를 좋아한다고 말하는 소녀의 말에 소년이 파이를 더 좋아한다고 말하고 그 다음에 소녀가 어떤 파이를 가장 좋아하는지 물어봤으므로 호박파이를 제일 좋아한다고 대답하는 것이 가장 자연스러우므로 정답은 (D)다.

Words and Phrases prefer A to B B보다 A를 (더) 좋아하다

taste 맛, 맛이 ···하다, ··· 맛이 나다

fresh 신선한, 새로운 oven 오븐

SECTION II READING AND WRITING

Part A. Sentence Completion (p.21)

1. A: How much does it cost?

B: It _____ 5 dollars.
(A) cost
(B) costs
(C) costed
(D) costing

해석 A: 그것은 얼마인가요?
　　 B: 5달러입니다.
　　 (A) 값 · 비용이 …이다
　　 (B) 값 · 비용이 …이다 (3인칭 단수)
　　 (C) 값 · 비용이 …였다
　　 (D) 원가 계산
풀이 현재시제 의문문으로 물어보고 있고 주어는 단수이므로 (B)가 정답이다.

2. A: Is Mr. Lee a dentist?
　　 B: No, he _____.
　　 (A) isn't
　　 (B) didn't
　　 (C) wasn't
　　 (D) doesn't

해석 A: Mr. Lee는 치과의사니?
　　 B: 아니, 그는 (치과의사가) 아니야.
　　 (A) ～가 아니다
　　 (B) ～가 하지 않았다
　　 (C) ～가 아니었다
　　 (D) ～가 하지 않는다
풀이 be동사 현재시제로 묻는 질문으로 시제에 맞는 be동사로 적절하게 대답한 (A)가 정답이다.
Words and Phrases dentist 치과의사

3. A: Where is the toy car?
　　 B: It's _____ the sofa.
　　 (A) as
　　 (B) from
　　 (C) towards
　　 (D) under

해석 A: 장난감차는 어디에 있니?
　　 B: 그것은 소파 아래에 있어.
　　 (A) …처럼(같이)
　　 (B) …부터
　　 (C) 쪽으로
　　 (D) …아래에
풀이 장난감차가 어디 있는지 묻는 질문에 소파 아래에 있다고 장소로 대답하는 (D)가 정답이다.
Words and Phrases as …처럼(같이),…로(서)…만큼, …하는 것과 같이; …하는 동안에,…대로 towards (어떤 방향) 쪽으로, (목표를)향하여, (특정시점) 무렵에, …에 대하여,…을 위하여 under …아래에

4. A: _____ is the weather today?
　　 B: It's cloudy.
　　 (A) How
　　 (B) Who

(C) When
(D) Where

해석 A: 오늘 날씨는 어떻니?
　　 B: 구름이 많아.
　　 (A) 어떤
　　 (B) 누구
　　 (C) 언제
　　 (D) 어디
풀이 날씨가 어떤지를 묻는 질문에 의문사 how가 적절하므로 (A)가 정답이다.
Words and Phrases cloudy 구름이 낀

5. A: What did you do on Saturday?
　　 B: I _____ my grandparents.
　　 (A) will visit
　　 (B) visit
　　 (C) visited
　　 (D) visiting

해석 A: 토요일에 무엇을 했니?
　　 B: 나는 조부모님을 방문했어.
　　 (A) 방문할 거야 (will을 사용한 미래형)
　　 (B) 방문해 (현재형)
　　 (C) 방문했어 (과거형)
　　 (D) 방문함 (동명사)
풀이 토요일에 무엇을 했는지 묻는 질문에 조부모님을 방문했다고 과거형으로 대답한 (C)가 정답이다.

Part B. Situational Writing (p.22)

6. Grandfather likes taking a walk _____.
　　 (A) with his granddaughter
　　 (B) with his grandson
　　 (C) with his dog
　　 (D) with his backpack

해석 할아버지는 그의 손녀와 산책하는 것을 좋아한다
　　 (A) 그의 손녀와
　　 (B) 그의 손자와
　　 (C) 그의 개와
　　 (D) 그의 가방을 메고
풀이 그림에서 할아버지가 손녀와 함께 걷고 있으므로 (A)가 정답이다.
Words and Phrases granddaughter 손녀, 외손녀 grandson 손자, 외손자 backpack 배낭; 배낭을 지고 걷다

7. There is a cat _____ a dog.
　　 (A) on
　　 (B) next to
　　 (C) between
　　 (D) under

해석 강아지 옆에 고양이가 있다.
　　 (A) 위에
　　 (B) 옆에

(C) 사이에

(D) 아래에

풀이 강아지와 고양이가 서로 옆에 앉아 있으므로 (B)가 정답이다.

Words and Phrases next to ··· 옆에, ··· 다음에 between 사이(중간)에 in front of ···앞에 (앞쪽에) under ···아래에

8. They are _____.

   (A) talking to other people

   (B) doing homework together

   (C) taking a break in the park

   (D) eating lunch at a restaurant

해석 그들은 공원에서 쉬고 있다.

   (A) 다른 사람들과 이야기하고

   (B) 숙제를 같이 하고

   (C) 공원에서 쉬고

   (D) 식당에서 점심을 먹고

풀이 소년과 소녀가 벤치에 앉아 서로 대화하면서 휴식을 취하고 있으므로 정답은 (C)다.

Words and Phrases other 다른 together 함께, 같이 take a break 잠시 휴식을 취하다 restaurant 식당, 레스토랑

9. Andy is _____.

   (A) on the beach

   (B) on the playground

   (C) at the swimming pool

   (D) at an amusement park

해석 Andy는 놀이 공원에 있다.

   (A) 해변에

   (B) 운동장에

   (C) 수영장에

   (D) 놀이 공원에

풀이 소년이 놀이동산에서 놀이기구를 타고 있으므로 정답은 (D)다.

Words and Phrases playground 놀이터, 운동장 amusement park 놀이공원, 유원지

10. My brother Alex is _____ than my sister Joanna.

   (A) shorter and slower

   (B) shorter and faster

   (C) taller and slower

   (D) taller and faster

해석 내 남동생/오빠/형 Alex는 내 여동생/누나/언니 Joanna보다 크고 빠르다.

   (A) 작고 느리다

   (B) 작고 빠르다

   (C) 크고 느리다

   (D) 크고 빠르다

풀이 공원에서 키 큰 소년이 키 작은 소녀를 앞질러서 달리고 있으므로 (D)가 정답이다.

Words and Phrases short 키가 작은 slow 느린 fast 빠른 tall 키가 큰

Part C. Practical Reading and Retelling (p.24)

[11-12]

> Name: Barry Bonds
>
> Baseball Team: San Francisco Giants
>
> Height: 185 cm
>
> Weight: 100 kg
>
> Age: 42
>
> Baseball Position: Outfielder
>
> Special Information: Only player ever to win seven MVP awards. Holds the single-season record for home runs with 73 in 2001.

11. What sport does Barry Bonds play?

   (A) basketball

   (B) baseball

   (C) soccer

   (D) badminton

12. How many MVP awards did he win?

   (A) 1

   (B) 6

   (C) 7

   (D) 17

해석

> 이름: Barry Bonds
>
> 야구 팀: 샌프란시스코 자이언츠
>
> 키: 185 cm
>
> 몸무게: 100 kg
>
> 나이: 42
>
> 야구 포지션: 외야수
>
> 특별 정보: 7번의 MVP를 수상한 유일한 선수. 2001년에 한 시즌 73번의 홈런 기록을 가지고 있다.

11. Barry Bonds는 어떤 운동 종목을 하나요?

   (A) 농구

   (B) 야구

   (C) 축구

   (D) 배드민턴

12. 그는 얼마나 많은 MVP 수상을 했나요?

   (A) 1

   (B) 6

   (C) 7

   (D) 17

풀이 Barry Bonds는 야구팀에 소속된 선수로 나와 있으므로 11번의 정답은 (B)다. 그는 7번의 MVP 수상경력을 가진 유일한 선수라는 정보가 특별 정보에 적혀 있으므로 12번의 정답은 (C)다.

Words and Phrases height 높이, 키 weight 무게, 체중 age 나이, 연령, 수명, (특정)시기; 나이를 먹다 position 위치, 자리, 제자리; ···의 자리를 잡다, 배치하다 outfielder (야구 등에서) 외야수 special 특수(특별)한; 특별한 것 information 정보 award (부상이 딸린) 상

hold 잡고(쥐고/들고/안고/받치고) 있다 record 기록,
음반; 기록하다, 녹음하다 home run (야구) 홈런

[13-14]

Pizza Sizes

| Baby
(4 slices) | Small
(6 slices) | Medium
(8 slices) | Large
(10 slices) |

13. How many slices are in a baby pizza?

(A) 4

(B) 6

(C) 8

(D) 10

14. Which pizza has the most slices?

(A) baby

(B) small

(C) medium

(D) large

해석

피자 사이즈

베이비 사이즈 (4조각)

작은 사이즈 (6조각)

중간 사이즈 (8조각)

큰 사이즈 (10조각)

13. 베이비 피자에는 몇 개의 조각이 있나요?

(A) 4조각

(B) 6조각

(C) 8조각

(D) 10조각

14. 어떤 피자에 가장 많은 조각이 있나요?

(A) 베이비 사이즈

(B) 작은 사이즈

(C) 중간 사이즈

(D) 큰 사이즈

풀이 베이비 사이즈 피자에 4조각이 있으므로 13번의 정답은 (A)다. 가장 많은
조각을 가진 피자는 가장 큰 사이즈 피자이므로 14번의 정답은 (D)다.

Words and Phrases slice (음식을 얇게 썬) 조각; (얇게) 썰다

[15-16]

Blue Mountain Sports Camp (Ages 9-11)		
	3-Day Camp	6-Day Camp
Summer Camp	$399	$899
Fall Camp	$299	$599
Spring Camp	$299	$699

15. How much is a 6-day camp in spring?

(A) $299

(B) $599

(C) $699

(D) $899

16. Which camp is the most expensive?

(A) 3-Day Fall Camp

(B) 3-Day Spring Camp

(C) 6-Day Summer Camp

(D) 6-Day Spring Camp

해석

BLUE MOUNTAIN 스포츠 캠프 (나이 9-11세)		
	3-Day 캠프	6-Day 캠프
여름 캠프	399달러	899달러
가을 캠프	299달러	599달러
봄 캠프	299달러	699달러

15. 봄에는 6일동안 하는 캠프가 얼마인가요?

(A) 299달러

(B) 599달러

(C) 699달러

(D) 899달러

16. 어떤 캠프가 가장 비용이 많이 드나요?

(A) 3-Day 가을 캠프

(B) 3-Day 봄 캠프

(C) 6-Day 여름 캠프

(D) 3-Day 봄 캠프

풀이 6일동안 하는(6-Day) 봄 캠프는 699이므로 15번의 정답은 (C)다. 가장 비
용이 많이 드는 캠프는$899인 6-Day 여름 캠프이므로 16번의 정답은 (C)
다.

Words and Phrases how much 얼마만큼, 어느 정도 expensive
비싼, 돈이 많이 드는 most 가장 ~한

Class Schedule

Time	
8:20 - 10:10	English
10:10 - 10:20	Snack
10:20 - 10:40	Break
10:40 - 11:00	Student Reading
11:00 - 12:10	Math
12:10 - 12:55	Lunch
12:55 - 1:15	Story time with Teacher
1:15 - 2:15	Science
2:15 - 2:30	Homework / Clean up
2:30 - 2:55	Gym
2:55	Go home

17. When can students have a snack?

(A) **10:10**

(B) 10:30

(C) 11:30

(D) 12:10

18. Where would you most likely see this schedule?

(A) at the train station

(B) in a restaurant

(C) at the airport

(D) **in a classroom**

해석

수업 시간표	
시간	
8:20 – 10:10	영어
10:10 – 10:20	간식
10:20 – 10:40	휴식
10:40 – 11:00	독서 시간
11:00 – 12:10	수학
12:10 – 12:55	점심
12:55 – 1:15	선생님이 책 읽어주는 시간
1:15 – 2:15	과학
2:15 – 2:30	숙제 / 청소
2:30 – 2:55	체육
2:55	하교

17. 학생들은 언제 간식을 먹을 수 있나요?

(A) 10시 10분

(B) 10시 30분

(C) 11시 30분

(D) 12시 10분

18. 이 시간표는 어디에서 가장 많이 볼 수 있나요?

(A) 기차역에서

(B) 식당에서

(C) 공항에서

(D) 교실에서

풀이 시간표를 보면 10시 10분부터 20분까지 간식시간이므로 17번의 정답은 (A)다. 수업 시간표를 가장 많이 볼 수 있는 곳은 교실이므로 18번의 정답은 (D)다.

Words and Phrases schedule (작업) 일정, 스케줄; 일정(시간 계획)을 잡다 snack (보통 급히 먹는) 간단한 식사(간식); 간식을 먹다 break 깨어지다, 부서지다, 깨다, 부수다, 고장 나다; (작업 중의) 휴식 gym (학교 등의) 체육관, 운동, 체육 restaurant 식당, 레스토랑 airport 공항

19. Which store is the largest?

(A) bookstore

(B) flower shop

(C) newsstand

(D) **supermarket**

20. Which store is next to the park?

(A) **candy shop**

(B) bookstore

(C) supermarket

(D) pharmacy

해석

꽃집	뉴스가판대	사탕가게	공원
약국	서점	슈퍼마켓	

19. 가장 큰 가게는 무엇인가요?

(A) 서점

(B) 꽃집

(C) 뉴스 판매대

(D) 슈퍼마켓

20. 어느 가게가 공원 옆에 있나요?

(A) 사탕가게

(B) 서점

(C) 슈퍼마켓

(D) 약국

풀이 지도에서 가장 큰 가게는 슈퍼마켓이므로 19번의 정답은 (D)다. 공원 옆에는 사탕가게가 있으므로 20번의 정답은 (A)다.

Words and Phrases bookstore 책방, 서점 pharmacy 약국 bank 은행 pet shop 애완 동물 용품점 hospital 병원 restaurant 식당, 레스토랑 supermarket 슈퍼마켓 flower shop 꽃가게, 꽃집 newsstand 신문가판대

Part D. General Reading and Retelling (p.29)

[21-22]

> Lucas loves to watch TV. Every afternoon before he watches TV, he practices the piano. He doesn't like to play, but he is very good at playing the piano. His mom likes to listen to him play and Lucas likes to see his mom smile.

21. What does Lucas love to do?
    (A) study English
    (B) play piano
    (C) watch TV
    (D) listen to music

22. When does Lucas play the piano?
    (A) every morning
    (B) every evening
    (C) every night
    (D) every afternoon

해석

> Lucas는 텔레비전을 보는 것을 좋아한다. 그는 매일 오후에 텔레비전을 보기 전에, 피아노를 연습한다. 그는 피아노를 치는 것을 좋아하지는 않지만 매우 잘 친다. 그의 엄마는 그가 연주하는 것을 듣는 것을 좋아하고 Lucas는 엄마가 미소 짓는 모습을 보는 것을 좋아한다.

21. Lucas가 좋아하는 것은 무엇인가요?
    (A) 영어 공부하기
    (B) 피아노 치기
    (C) TV 시청하기
    (D) 음악 감상하기

22. Lucas는 언제 피아노를 치나요?
    (A) 매일 아침
    (B) 매일 밤
    (C) 매일 저녁
    (D) 매일 오후

풀이 Lucas는 피아노를 연습하는 것을 좋아하지 않고 TV을 보는 것을 좋아한다고 했으므로 21번의 정답은 (C)다. 피아노를 치는 시간은 TV를 보기 전 매일 오후라고 했으므로 22번의 정답은 (D)다.

Words and Phrases practice 실행, 실천, 습관; 연습(실습)하다, 실행하다 smile, 미소 짓다; 웃음, 미소 good at ~를 잘하는

[23-24]

> My name is Carla. I like going to the park. My older brother Jason also likes to go to the park. We often go together and play catch. Sometimes we ride bikes and play badminton.

23. Who is Jason?
    (A) Carla's dog
    (B) Carla's dad
    (C) Carla's friend
    (D) Carla's brother

24. What do Carla and Jason NOT do in the park?
    (A) play catch
    (B) ride their skateboards
    (C) play badminton
    (D) ride their bikes

해석

> 내 이름은 Carla이다. 나는 공원에 가는 것을 좋아한다. 내 오빠/형 Jason 또한 공원에 가는 것을 좋아한다. 우리는 같이 가서 캐치볼을 즐긴다. 우리는 때때로 자전거도 타고 배드민턴도 친다.

23. Jason은 누구인가요?
    (A) Carla의 개
    (B) Carla의 아빠
    (C) Carla의 친구
    (D) Carla의 오빠/형/남동생

24. Carla와 Jason이 공원에서 하지 않는 것은 무엇인가요?
    (A) 캐치볼을 하는 것
    (B) 스케이트보드를 타는 것
    (C) 배드민턴을 치는 것
    (D) 자전거를 타는 것

풀이 Carla가 Jason을 brother라고 했으므로 23번의 정답은 (D)다. Carla와 Jason은 공원에서 스케이트보드는 타지 않으므로 24번의 정답은 (B)다.

Words and Phrases play catch 캐치 볼을 하다 sometimes 때때로, 가끔 skateboard 스케이트보드

[25-26]

> My dad is a cook. He works in a restaurant. He cooks my favorite food on Fridays. I always ask for pizza because I love cheese. My dad makes the best pizza in town. Many people visit my dad's restaurant. My English teacher, Ms. Wamback, is a regular customer. She always eats chocolate cake there.

25. Who is the writer's dad?
    (A) a farmer
    (B) a chef
    (C) a teacher
    (D) an office worker

26. What does Ms. Wamback like to eat?
    (A) chocolate cake
    (B) cheese pizza
    (C) cheese cake
    (D) chocolate pizza

해석

> 우리 아빠는 요리사이다. 그는 식당에서 일한다. 그는 금요일마다 내가 매우 좋아하는 요리를 만들어 준다. 나는 치즈를 좋아하기 때문에 항상 피자를 부탁한다. 우리 아빠는 우리 동네에서 최고의 피자를 만든다. 많은 사람들이 우리 아빠의 식당에 방문한다. 우리 영어 선생님 Ms. Wamback선생님도 단골 손님이다. 그녀는 그곳에서 항상 초콜릿 케이크를 드신다.

25. 글쓴이의 아버지는 누구인가요?

(A) 농부

(B) 요리사

(C) 선생님

(D) 회사원

26. Ms. Wamback은 무엇을 먹는 것을 좋아하나요?

(A) 초콜릿 케이크

(B) 치즈 피자

(C) 치즈 케이크

(D) 초콜릿 피자

풀이 글쓴이의 아빠가 요리사이고 마을에서 최고의 피자를 만드는 사람이라고 소개하고 있으므로 25번의 정답은 (B)다. Ms. Wamback은 항상 초콜릿 케이크를 먹는다고 했으므로 26번의 정답은 (A)다.

Words and Phrases cook 요리하다, (밥을) 짓다; 요리를 하는 사람, 요리사 restaurant 식당, 레스토랑 visit 방문하다 (찾아가다); 방문, 찾아가기 regular customer 단골, 고객, 단골손님 always 항상, 언제나 chef 요리사 (특히 주방장) office worker 사무직 근로자, 사무원, 회사원

[27-28]

Skiing is a very popular winter sport. You ride on two narrow pieces of wood or plastic over snow. Before it was a sport, skiing was only used for travel. For thousands of years, people skied long distances to get to places. Skiing first became a popular sport in the mid-1800s and was added to the Winter Olympics in 1924.

27. When did Olympic skiing start?

(A) in 1890

(B) in 1924

(C) in 1946

(D) in 1975

28. Why did people first ski?

(A) to race

(B) to do tricks

(C) to travel

(D) to work

해석

스키는 유명한 겨울 스포츠이다. 당신은 두 개의 얇은 나무 혹은 플라스틱 조각을 눈 위에서 탄다. 운동이기 전에, 스키는 여행하는데만 이용되었다. 수천년동안, 사람들은 다른 곳으로 가기 위해 긴 거리를 스키타고 갔다. 스키는 처음 1800년대 중반에 유명한 스포츠가 되었고 1924년 동계올림픽에 추가되었다.

27. 언제 올림픽 스키가 시작되었습니까?

(A) 1890년에

(B) 1924년에

(C) 1946년에

(D) 1975년에

28. 왜 사람들은 처음에 스키를 탔습니까?

(A) 경주하기 위해서

(B) 묘기 부리기 위해서

(C) 여행하기 위해서

(D) 일하기 위해서

풀이 스키가 동계올림픽에 추가된 것은 1924년이므로 27번의 답은 (B)이다. 스키가 스포츠가 되기 전에는 여행하는데 이용되었다고 했으므로 28번의 답은 (C)이다.

Words and Phrases narrow 좁은 Olympics 올림픽

[29-30]

Sarah's evening schedule is busy. First, her parents cook dinner, and the whole family eats it together. After dinner, Sarah does the dishes. Then, she does her homework while her older brother Albert plays tennis. When Sarah finishes her homework, she likes to play on the computer. Before going to bed, Sarah brushes her teeth.

29. What does Albert do?

(A) do dishes

(B) cook dinner

(C) play tennis

(D) play on the computer

30. What does Sarah do right after dinner?

(A) turn on her computer

(B) brush her teeth

(C) do homework

(D) do the dishes

해석

Sarah의 저녁 일정은 바쁘다. 처음에 그녀의 부모님께서는 저녁을 요리하시고 온 가족은 저녁을 함께 먹는다. 저녁 후에 Sarah는 설거지를 한다. 그리고 그녀의 오빠 Albert가 테니스를 치는 동안 그녀는 숙제를 한다. Sarah는 숙제를 끝낸 후 컴퓨터를 하고 노는 것을 좋아한다. 잠자리에 들기 전에 Sarah는 양치를 한다.

29. Albert는 무엇을 하나요?

(A) 설거지하기

(B) 저녁 요리하기

(C) 테니스치기

(D) 컴퓨터 하고 놀기

30. Sarah가 저녁을 먹은 뒤에 바로 하는 것은 무엇인가요?

(A) 컴퓨터 켜기

(B) 양치하기

(C) 숙제 하기

(D) 설거지하기

풀이 저녁을 먹은 뒤 Sarah는 숙제를 하고 Sarah의 오빠 Albert는 테니스를 친다고 했으므로 29번의 정답은 (C)다. Sarah는 저녁을 먹고 나서 바로 설거지를 하므로 30번의 정답은 (D)다.

Words and Phrases schedule (작업) 일정, 스케줄, (방송) 프로그램 편성표; 일정 (시간 계획)을 잡다, 예정하다 parent 부모님 brush 붓, 붓질, 솔, 솔질, 비, 비질; 솔질을 한다 brush one's teeth 양치하다, 이를 닦다

TOSEL BASIC

실전 2회

Section I Listening and Speaking

1 **(A)**	2 **(C)**	3 **(C)**	4 **(B)**	5 **(D)**
6 **(D)**	7 **(B)**	8 **(C)**	9 **(A)**	10 **(B)**
11 **(A)**	12 **(C)**	13 **(B)**	14 **(C)**	15 **(D)**
16 **(A)**	17 **(D)**	18 **(D)**	19 **(A)**	20 **(B)**
21 **(A)**	22 **(D)**	23 **(B)**	24 **(C)**	25 **(D)**
26 **(B)**	27 **(A)**	28 **(D)**	29 **(D)**	30 **(A)**

Section II Reading and Writing

1 **(B)**	2 **(B)**	3 **(C)**	4 **(C)**	5 **(A)**
6 **(A)**	7 **(C)**	8 **(C)**	9 **(D)**	10 **(B)**
11 **(B)**	12 **(B)**	13 **(C)**	14 **(D)**	15 **(C)**
16 **(D)**	17 **(B)**	18 **(B)**	19 **(D)**	20 **(B)**
21 **(B)**	22 **(D)**	23 **(B)**	24 **(A)**	25 **(B)**
26 **(B)**	27 **(A)**	28 **(D)**	29 **(A)**	30 **(C)**

SECTION I LISTENING AND SPEAKING

Part A. Listen and Recognize (p.36)

1. B: There is a cat on the sofa.
(A)
해석 소년: 소파 위에 고양이가 있다.
풀이 소파 위에 고양이가 앉아 있는 그림 (A)가 정답이다.

2. G: There are some oranges on the table.
(C)
해석 소녀: 식탁 위에 오렌지가 있다.
풀이 식탁 위에 오렌지 세 개가 있는 그림 (C)가 정답이다.

3. B: My sister is taller than my brother.
(C)
해석 소년: 나의 누나/여동생은 형/남동생보다 키가 크다.
풀이 소녀의 키가 소년의 키보다 큰 그림 (C)가 정답이다.
Words and Phrases than …보다(비교의 대상이 되는 것을 나타냄)

4. G: I like riding my bike in the park.
(B)
해석 소녀: 나는 공원에서 자전거를 타는 것을 좋아한다.
풀이 소녀가 공원에서 자전거를 타는 그림 (B)가 정답이다.

5. B: The children are singing together.
(D)

해석 소년: 아이들이 함께 노래하고 있다.
풀이 아이들이 노래하는 그림 (D)가 정답이다.
Words and Phrases children 아이들, 어린이들 sing 노래하다
together 함께, 같이

PART B. Listen and Respond (p.38)

6. G: Where is my bag?
B: _____
(A) It's red.
(B) It's new.
(C) It's cheap.
(D) It's behind you.
해석 소녀: 내 가방이 어디에 있지?
소년: _____
(A) 빨간색이야.
(B) 새 것이야.
(C) 저렴해.
(D) 네 뒤에 있어.
풀이 가방이 어디 있는지 묻는 질문에 네 뒤에 있다고 대답하는 (D)가 정답이다.
Words and Phrases new 새, 새로운 classroom 교실 cheap 싼, 저렴한
behind ~(의)뒤에

7. B: What are you doing?
G: _____
(A) I like pasta.
(B) I'm reading a book.
(C) I have flowers.
(D) I feel thirsty.
해석 소년: 무엇을 하고 있니?
소녀: _____
(A) 파스타를 좋아해.
(B) 책을 읽고 있어.
(C) 꽃을 가지고 있어.
(D) 목이 말라.
풀이 무엇을 하고 있는지를 묻고 있으므로 책을 읽고 있다고 대답하는 (B)가 정답이다.
Words and Phrases pasta 파스타 thirsty 목이 마른

8. G: How many pencils do you have?
B: _____
(A) They are blue.
(B) I have a pencil case.
(C) I have ten.
(D) I am eleven.
해석 소녀: 연필 몇 자루가 있니?
소년: _____
(A) 그것들은 파란색이야.
(B) 나는 필통을 가지고 있어.
(C) 나는 10자루를 가지고 있어.
(D) 나는 11살이야.

풀이 연필을 몇 자루를 가지고 있는지 수량을(how many) 묻는 말에 10개를 가지고 있다고 대답하는 (C)가 정답이다.

Words and Phrases pencil case 필통

9. B: Do you want some ice cream?

G: _____

(A) **Yes, I do.**

(B) I have five dollars.

(C) It is in the fridge.

(D) No, she's at school.

해석 소년: 아이스크림 좀 먹을래?

소녀: _____

(A) 응, 일반동사 긍정문 (1·2인칭 단·복수, 3인칭 복수)

(B) 나는 5달러가 있어.

(C) 냉장고에 있어.

(D) 아니, 그녀는 학교에 있어.

풀이 아이스크림을 먹고 싶은지 물어보는 소녀의 질문에 그렇다고 대답하는 (A)가 정답이다.

Words and Phrases fridge 냉장고

10. G: I bought a new hat.

B: _____

(A) There are three hats.

(B) **It looks nice on you.**

(C) The hat is on the sofa.

(D) I'm wearing a cap.

해석 소녀: 새 모자를 샀어.

소년: _____

(A) 모자 3개가 있어.

(B) 너한테 잘 어울려.

(C) 모자는 소파에 있어.

(D) 모자를 쓰고 있어.

풀이 새 모자를 샀다는 말에 너한테 잘 어울린다고 응대하는 (B)가 정답이다.

Words and Phrases buy (bought의 현재형) 사다, 구매하다

PART C. Listen and Retell (p.39)

11. B: Would you like some juice?

G: No, thanks. I'll have some lemonade please.

Q: What does the girl want?

(A)

해석 남자: 주스를 드실래요?

소녀: 아니요, 레몬에이드로 주세요.

질문: 소녀는 무엇을 원하나요?

풀이 주스를 먹고 싶은지 묻는 남자의 질문에 소녀가 레몬에이드를 마시고 싶다고 대답하므로 정답은 (A)다.

Words and Phrases juice 주스 lemonade 레몬에이드

12. G: Why is your sister always going to the airport?

B: She is a flight attendant.

Q: What does the boy's sister do?

(C)

해석 소녀: 왜 너의 누나는 항상 공항에 가니?

소년: 누나는 승무원이야.

질문: 소년의 누나는 무엇을 하나요?

풀이 소년의 누나는 승무원이라고 했으므로 정답은 (C)다.

Words and Phrases always 항상, 언제나 airport 공항 flight attendant 승무원

13. B: Let's play basketball after school.

G: I don't like basketball. Why don't we play tennis?

Q: What does the girl want to play?

(B)

해석 소년: 우리 방과 후에 농구하자.

소녀: 나는 농구를 좋아하지 않아. 우리 테니스 하는 건 어때?

질문: 소녀는 무엇을 하고 싶어하나요?

풀이 소년이 농구를 하자고 제안했지만 소녀는 농구를 좋아하지 않는다고 하고 테니스를 하자고 권유하므로 정답은 (B)다.

Words and Phrases basketball 농구 after …(시간·순서상으로) 뒤에 (후에) tennis 테니스

14. G: I'm hungry. Do you have any cookies?

B: There's a box of cookies in the kitchen.

Q: How does the girl feel?

(A) She's hot.

(B) She's sleepy.

(C) **She's hungry.**

(D) She's thirsty.

해석 소녀: 배고파. 쿠키 있어?

소년: 부엌에 쿠키 상자가 있어.

질문: 소녀의 기분은 어떤가요?

(A) 덥다.

(B) 졸리다.

(C) 배고프다.

(D) 목마르다.

풀이 소녀가 배가 고파 쿠키가 있는지 물어보고 있으므로 정답은 (C)다.

Words and Phrases cookie 쿠키 kitchen 부엌 sleepy 졸리운, 졸음이 오는 hungry 배고픈 thirsty 목이 마른, 갈증이 나는

15. B: Your sister Leah looks so happy today.

G: Today is her birthday.

Q: Why is the girl's sister happy?

(A) It's a beautiful day.

(B) She won a prize.

(C) She got a present.

(D) **It's her birthday today.**

해석 소년: 너의 언니/여동생 Leah가 오늘 행복해 보인다.

소녀: 오늘이 그녀의 생일이야.

질문: 소녀의 언니/여동생은 왜 행복한가요?

(A) 아름다운 날이다.

(B) 상을 탔다.

(C) 선물을 받았다.

(D) 생일이 오늘이다.

풀이 오늘이 생일이라고 했으므로 정답은 (D)다.

Words and Phrases today 오늘, 오늘날에, 요즘, 현재 birthday 생일 win a prize 상을 타다 present 선물

16. G: Do you know Chinese?

B: No, not really. But I can speak English.

Q: What language can the boy speak?

(A) **English**

(B) French

(C) Spanish

(D) Chinese

해석 소녀: 중국어를 아니?

소년: 아니, 못해. 하지만 영어로는 말할 수 있어.

질문: 소년은 무슨 언어를 할 수 있나요?

(A) 영어

(B) 프랑스어

(C) 스페인어

(D) 중국어

풀이 중국어를 아는지 물어보는 소녀의 말에 소년은 영어로는 말할 수 있다고 했으므로 정답은 (A)다.

Words and Phrases Chinese 중국의, 중국어, 중국인 English 영어, 영어의 language 언어 French 프랑스의, 프랑스어, 프랑스인 Spanish 스페인의, 스페인어, 스페인 사람

17. B: Are you going home now?

G: Not yet. I am going to visit a bookstore to buy a magazine first.

Q: Where will the girl go first?

(A) home

(B) library

(C) toy store

(D) **bookstore**

해석 소년: 지금 집에 가는 거니?

소녀: 아직은 아냐. 먼저 잡지를 사러 서점에 갈 거야.

질문: 소녀는 어디를 먼저 가나요?

(A) 집

(B) 도서관

(C) 장난감 가게

(D) 서점

풀이 소녀는 먼저 서점에 들려 잡지를 산다고 했으므로 정답은 (D)다.

Words and Phrases yet 아직 visit 방문하다 (찾아가다); 방문 bookstore 책방, 서점 magazine 잡지 home 집, 가정 library 도서관 toy store 장난감 가게

[18-19]

G: I have tests at school today. I have a math test in the morning and an English test in the afternoon. After school, I have to go home and study for my science test tomorrow.

18. What test does the girl have in the afternoon?

(A) math test

(B) history test

(C) science test

(D) **English test**

19. What is the girl going to do after school?

(A) **study for the test**

(B) take a rest

(C) have dinner

(D) do her homework

해석 소녀: 학교에서 오늘 시험이 있다. 아침에는 수학 시험이 있고 오후에는 영어 시험이 있다. 방과 후 집에 가서 내일 있을 과학 시험을 공부해야 한다.

18. 소녀는 오후에 어떤 시험을 보나요?

(A) 수학 시험

(B) 역사 시험

(C) 과학 시험

(D) 영어 시험

19. 소녀는 방과 후에 무엇을 하나요?

(A) 시험공부를 한다

(B) 휴식을 취한다

(C) 저녁을 먹는다

(D) 숙제를 한다

풀이 소녀는 오후에 영어 시험을 본다고 했으므로 18번의 정답은 (D)다. 소녀는 집에 가서 과학 시험을 공부한다고 했으므로 19번의 정답은 (A)다.

Words and Phrases math 수학, 계산 English 영어, 영어의 test 시험, 검사; 시험하다 science 과학 tomorrow 내일 history 역사 take(have) a rest 쉬다

[20-21]

B: My big sister is a shopkeeper. She works at a big toy shop downtown. The shop sells all kinds of robots, dolls, and balls. I go to my sister's shop every Friday to see her, and she often buys me a toy. I got a plane today!

20. Where does his sister work?

(A) airport

(B) **toy shop**

(C) bookstore

(D) clothing store

21. When does the boy go to the shop?

(A) **every Friday**

(B) every other day

(C) every day after school

(D) on weekends

해석 소년: 나의 누나는 가게 점원이다. 누나는 시내에 있는 큰 장난감 가게에서 일한다. 그 가게는 모든 종류의 로봇, 인형, 공을 판다. 나는 누나의 가게에 매주 금요일마다 누나를 보러 가고 누나는 자주 나에게 장난감을 사 준다. 나는 오늘 비행기를 받았다.

20. 그의 누나는 어디에서 일하나요?

(A) 공항

(B) 장난감 가게

(C) 서점

(D) 옷 가게

21. 소년은 언제 가게에 가나요?

(A) 매주 금요일에

(B) 이틀에 한 번씩

(C) 매일 방과 후에

(D) 주말에

풀이 소년의 누나는 장난감 가게에서 장난감을 판다고 했으므로 20번의 정답은 (B)다. 소년은 누나를 보러 매주 금요일마다 장난감 가게에 간다고 했으므로 21번의 정답은 (A)다.

Words and Phrases shopkeeper 가게 주인 robot 로봇 often 흔히, 자주, 보통 airport 공항 every other day 하루 걸러, 격일로, 이틀마다 weekend 주말

[22-23]

G: I am going to the zoo with Mia tomorrow. Mia and I like the zoo because we like seeing the animals. We are going to see the bears, elephants, and monkeys. Monkeys are my favorite animal. Mia likes the elephants best.

22. What is Mia's favorite animal?

(A) lions

(B) bears

(C) monkeys

(D) elephants

23. When are they going to the zoo?

(A) today

(B) tomorrow

(C) this weekend

(D) next weekend

해석 소녀: 나는 Mia와 내일 동물원에 간다. Mia와 나는 동물을 보는 것을 좋아해서 동물원을 좋아한다. 우리는 곰, 코끼리, 원숭이를 볼 것이다. 원숭이는 내가 가장 좋아하는 동물이다. Mia는 코끼리를 제일 좋아한다.

22. Mia가 가장 좋아하는 동물은 무엇인가요?

(A) 사자

(B) 곰

(C) 원숭이

(D) 코끼리

23. 그들은 언제 동물원에 가나요?

(A) 오늘

(B) 내일

(C) 이번 주

(D) 다음 주

풀이 Mia는 코끼리를 가장 좋아한다고 했으므로 22번의 정답은 (D)다. 소녀와 Mia는 내일 동물원에 가기로 했으므로 정답은 (B)다.

Words and Phrases favorite 마음에 드는, 매우 좋아하는, 총애하는

[24-25]

B: My best friend is Jackson. Jackson likes playing games with me. He is nine years old, just like me. There are four people in his family. He has a younger sister. His sister is four years old.

24. How old is Jackson?

(A) four

(B) eight

(C) nine

(D) ten

25. What does Jackson like?

(A) watching TV

(B) reading a book

(C) listening to music

(D) playing games

해석 소년: 나의 가장 친한 친구는 Jackson이다. Jackson은 나와 게임 하는 것을 좋아한다. 그는 나와 같은 9살이다. 그의 가족은 4명이 있다. 그는 여동생이 있다. 그의 여동생은 4살이다.

24. Jackson은 몇 살인가요?

(A) 4

(B) 8

(C) 9

(D) 10

25. Jackson은 무엇을 좋아하나요?

(A) 텔레비전을 보는 것

(B) 책을 읽는 것

(C) 음악을 듣는 것

(D) 게임을 하는 것

풀이 Jackson은 소년과 같은 9살이라고 했으므로 22번의 정답은 (C)다. Jackson은 소년과 함께 게임 하는 것을 좋아한다고 했으므로 23번의 답은 (D)다.

Words and Phrases just (정확히) 딱; 막, 방금; 그저, 단지; 정말, 완벽히 like …와 비슷한, …처럼; 좋아하다 people 사람들

Part D. Listen and Speak (p.43)

26. G: Can I borrow your pen?

B: Yes, you can.

G: Where is it?

B: _____

(A) I have a pen.

(B) It's on the book.

(C) I don't have one.

(D) Where is your bag?

해석 소녀: 네 펜을 빌려도 되니?

소년: 응, 그럼.

소녀: 어디에 있어?

소년: _____

(A) 펜이 있어.

(B) 책 위에 있어.

(C) 나는 갖고 있지 않아.

(D) 너의 가방은 어디에 있니?

풀이 소녀가 펜을 빌려달라고 했고 그래도 된다는 소년의 말에 다시 어디에 있는지 소녀가 묻고 있으므로 가장 적절한 대답은 장소를 말한 (B)다.

Words and Phrases borrow 빌리다; (돈을) 꾸다 over there 저쪽에, 저기에서(는)

27. B: I like your bike.

G: Thanks.

B: Is it a birthday present?

G: _____

(A) Yes, it's from my dad.
(B) Yes, my birthday is in July.
(C) Sure, I have a present for you.
(D) No, I like riding bicycles.

해석 소년: 네 자전거가 맘에 든다.
　　소녀: 고마워.
　　소년: 생일 선물로 받은 거니?
　　소녀: _____
　　(A) 응, 아빠한테 받은 거야.
　　(B) 응, 내 생일은 7월이야.
　　(C) 물론이지, 너에게 줄 선물이 있어.
　　(D) 아니, 나는 자전거 타는 것을 좋아해.

풀이 소년가 소녀에게 생일 선물인지 묻고 있으므로 아빠한테 받았다고 대답하는 (A)가 정답이다.

Words and Phrases present 선물

28. G: Do you like soccer?
　　B: No, I like baseball.
　　G: Do you want to play baseball on Saturday?
　　B: _____
　　(A) No, I can't play soccer.
　　(B) No, I only have baseballs.
　　(C) Yes, I want to play soccer.
　　(D) Yes, let's play on Saturday.

해석 소녀: 너는 축구를 좋아하니?
　　소년: 아니, 나는 야구를 좋아해.
　　소녀: 토요일에 야구 할래?
　　소년: _____
　　(A) 아니, 나는 축구를 못 해.
　　(B) 아니, 나는 야구공만 있어.
　　(C) 응, 축구를 하고 싶어.
　　(D) 응, 토요일에 하자.

풀이 토요일에 야구를 하자는 소녀의 제안에 수락하는 (D)가 정답이다.

Words and Phrases baseball 야구, 야구공

29. B: Where is my jacket?
　　G: Isn't it on the table?
　　B: No, it isn't.
　　G: _____
　　(A) I have a shirt instead.
　　(B) I don't have a jacket.
　　(C) I like your jacket.
　　(D) I'll find it.

해석 소년: 내 재킷이 어디 있지?
　　소녀: 테이블에 있지 않니?
　　소년: 아니, 없어.
　　소녀: _____
　　(A) 대신 셔츠가 있어.
　　(B) 재킷이 없어.
　　(C) 네 재킷이 마음에 들어.
　　(D) 내가 찾아볼게.

풀이 소년이 자신의 재킷이 어디에 있는지 물어 보고 소녀가 소년의 재킷이 테이블 위에 있다고 하지만 소년이 없다고 대답하므로 소녀가 찾아보겠다고 하는 것이 상황에 가장 자연스러우므로 (D)가 정답이다.

Words and Phrases instead 대신에

30. G: What are you doing?
　　B: I'm cleaning my room.
　　G: When will you be done?
　　B: _____
　　(A) Maybe in 10 minutes.
　　(B) In the living room.
　　(C) Mopping the floor.
　　(D) With my best friend Stella.

해석 소녀: 뭐 하고 있니?
　　소년: 내 방 청소를 하고 있어.
　　소녀: 언제 끝나니?
　　소녀: _____
　　(A) 아마도 10분 안에
　　(B) 거실에
　　(C) 바닥 닦기
　　(D) 나의 가장 친한 친구 Stella와

풀이 소녀가 청소가 언제 끝나는지 물어보므로 10분안에 끝난다고 시간으로 대답한 (A)가 정답이다.

Words and Phrases clean 깨끗한; 닦다, 청소하다 maybe 어쩌면, 아마, 혹시 mop 대걸레, 자루걸레; (대걸레로) 닦다

SECTION II READING AND WRITING

Part A. Sentence Completion (p.46)

1. A: How often _____ you study English?
　　B: Every day.
　　(A) is
　　(B) do
　　(C) was
　　(D) will be

해석 A: 얼마나 자주 영어를 공부하니?
　　B: 매일.
　　(A) be동사 현재형 (3인칭 단수형)
　　(B) 일반동사 현재형 (1 · 2인칭 단 · 복수형, 3인칭 복수형)
　　(C) be동사 과거형 (1 · 3인칭 단수형)
　　(D) be동사 미래형

풀이 얼마나 자주 영어를 공부하는지 물어보는 질문이므로 습관을 나타내는 현재형이 쓰여야 하며, 질문에서의 동사가 일반동사이기 때문에 (B)가 정답이다.

Words and Phrases how often 몇 번(차례) …?, 얼마만큼 자주 …?

2. A: Thanks for _____ help.
　　B: You're welcome.
　　(A) you

(B) your

(C) yours

(D) you're

해석 A: 너의 도움에 고마워. (도와줘서 고마워.)

　　 B: 천만에.

　　 (A) 너

　　 (B) 너의

　　 (C) 너의 것

　　 (D) 너는 ~이다

풀이 너의 도움이 고맙다는 표현에 소유격이 쓰이는 것이 적절하므로 (B)가 정답이다.

Words and Phrases You're welcome. 천만에요. (고맙다는 말에 대한 정중한 인사)

3. A: What's over there?

　 B: _____ is my mom's scarf.

　 (A) Those

　 (B) These

　 (C) That

　 (D) This

해석 A: 저기에 있는 것은 무엇이니?

　　 B: 저것은 우리 엄마 스카프야.

　　 (A) 저것들은

　　 (B) 이것들은

　　 (C) 저것은

　　 (D) 이것은

풀이 저쪽에 있는 것이 무엇인지 묻는 말에 멀리 있는 사물/사람의 단수형태를 사용해 대답하는 (C)가 정답이다.

Words and Phrases over there 저쪽에, 저기에서(는)

4. A: _____ time is it?

　 B: It's 5:00.

　 (A) Why

　 (B) How

　 (C) What

　 (D) Where

해석 A: 몇 시니?

　　 B: 5시야.

　　 (A) 왜

　　 (B) 어떻게

　　 (C) 몇

　　 (D) 어디

풀이 5시라고 시간으로 대답하고 있으므로 '몇 시'인지 시간을 묻는 (C)가 정답이다.

5. A: Do you want a hamburger?

　 B: Yes, I _____.

　 (A) do

　 (B) may

　 (C) can't

　 (D) didn't

해석 A: 너 햄버거 먹을래?

　　 B: 응, 그럴래.

　　 (A) 조동사 do

　　 (B) 조동사 may

　　 (C) 조동사 can의 부정형

　　 (D) 조동사 do의 과거 부정형

풀이 일반동사 의문문 do로 햄버거를 먹고 싶은지 묻는 질문에 그렇다고 do로 대답하는 (A)가 정답이다.

Part B. Situational Writing (p.47)

6. The girl has _____.

　 (A) long hair and wears glasses

　 (B) short hair and wears vglasses

　 (C) long hair and wears a yellow dress

　 (D) short hair and wears a blue dress

해석 소녀는 머리가 길고 안경을 쓰고 있다.

　　 (A) 머리가 길고 안경을 쓰고

　　 (B) 머리가 짧고 안경을 쓰고

　　 (C) 머리가 길고 노란 드레스를 입고

　　 (D) 머리가 짧고 파란 드레스를 입고

풀이 소녀의 머리가 길고 안경을 쓰고 있으므로 정답은 (A)다.

Words and Phrases glasses 안경

7. The cow is _____.

　 (A) walking along a mountain

　 (B) hiding behind a tree

　 (C) drinking from a river

　 (D) jumping over grass

해석 젖소가 강에서 물을 마시고 있다.

　　 (A) 산을 따라 걸어가고

　　 (B) 나무 뒤에 숨어

　　 (C) 강에서 물을 마시고

　　 (D) 잔디 위를 뛰어다니고

풀이 젖소가 강에서 물을 마시고 있으므로 정답은 (C)다.

Words and Phrases walk along …을 따라 걷다, 계속 걷다(뛰다) hide 감추다, 숨다, 가리다; 은신처 behind …뒤에

8. It's a strawberry _____.

　 (A) muffin

　 (B) milkshake

　 (C) ice cream cone

　 (D) pancake

해석 그것은 딸기 아이스크림 콘이다.

　　 (A) 머핀

　　 (B) 밀크셰이크

　　 (C) 아이스크림 콘

　　 (D) 팬케이크

풀이 딸기 아이스크림 콘이 있으므로 정답은 (C)다.

Words and Phrases muffin 머핀 (컵 모양의 빵) milkshake 밀크셰이크 cone 원뿔, (아이스크림) 콘 pancake 팬케이크

9. The boy likes to play _____.
   (A) in the kitchen
   (B) in the bathroom
   (C) at the house
   (D) in the park
해석 그 소년은 공원에서 노는 것을 좋아한다.
   (A) 부엌에서
   (B) 화장실에서
   (C) 집에서
   (D) 공원에서
풀이 소년이 공원에서 놀고 있으므로 정답은 (D)다.

10. The girls are _____.
   (A) running
   (B) singing
   (C) dancing
   (D) sleeping
해석 소녀들이 노래하고 있다.
   (A) 달리기를 하고
   (B) 노래하고
   (C) 춤을 추고
   (D) 잠을 자고
풀이 소녀들이 노래하고 있으므로 정답은 (B)다.

Part C. Practical Reading and Retelling (p.49)

[11-12]

11. When does the flower garden open?
   (A) 6 AM
   (B) 7 AM
   (C) 7 PM
   (D) 9 AM

12. Where can you have a picnic?
   (A) at the zoo
   (B) at the park
   (C) at the waterslide
   (D) in the garden

해석
Green Valley에 오신 것을 환영합니다!

동물원을 방문하세요.
(수요일에서 일요일까지, 오전 10시부터 오후 6시까지 개장)
Giant Waterslide에서 수영하고 물장구치세요.
(매일 오전 9시부터 오후 5시까지 개장)
Riverside Park에서 소풍을 즐기세요.
(오전 6시부터 오후 10시까지 개장)
아름다운 Green Valley Flower Garden을 즐기세요.
(오전 7시부터 오후 7시까지 개장)

11. Flower Garden은 언제 개장하나요?
   (A) 오전 6시
   (B) 오전 7시
   (C) 오후 7시
   (D) 오후 9시

12. 어디에서 소풍을 즐길 수 있나요?
   (A) 동물원
   (B) 공원
   (C) 물 미끄럼틀
   (D) 정원

풀이 Flower Garden이 오전 7시부터 오후 7시까지 개장한다고 했으므로 11번의 정답은 (B)다. Riverside Park에서 소풍을 즐길 수 있다고 했으므로 12번의 정답은 (B)다.

Words and Phrases splash 철벅 떨어지다. (물 등이) 끼얹다, (물 속에서) 첨벙거리다; 첨벙

[13-14]

13. How much do two slices of pizza cost?
   (A) two dollars
   (B) three dollars
   (C) four dollars
   (D) six dollars

14. What kind of milkshake can you get?
   (A) coffee
   (B) peach
   (C) cherry
   (D) strawberry

햄버거 가게	
햄버거	$3.00
햄버거와 감자튀김	$4.00
피자	한 조각에 $2.00
직접 만든 파이 (사과, 복숭아, 체리)	한 조각에 $2.00
밀크셰이크 (바닐라, 초코, 딸기)	$1.50

13. 피자 두 조각은 얼마인가요?

(A) 2달러

(B) 3달러

(C) 4달러

(D) 6달러

14. 어떤 종류의 밀크셰이크를 살 수 있나요?

(A) 커피

(B) 복숭아

(C) 체리

(D) 딸기

풀이 피자 한 조각은 2달러($)이고 두 조각은 4달러이므로 13번의 정답은 (C)다. 밀크셰이크 종류에는 바닐라, 초코, 딸기가 있으므로 14번의 정답은 (D)다.

Words and Phrases homemade 집 에서 만든, 손으로 만든 milkshake 밀크셰이크

[15-16]

15. What do the children need to bring?

(A) a cap

(B) a toy

(C) a towel

(D) a shirt

16. When is the birthday party?

(A) on July 2nd

(B) on July 4th

(C) on July 8th

(D) on July 10th

> 수영장 파티에 초대합니다!
>
> Bobby는 7월 10일 일요일 오후 2시부터 4시까지 8 Oak Street에 있는 Belmont 수영장에서 열릴 생일 파티에 당신이 참석하기를 바랍니다.
>
> 수영복과 수건을 챙기는 것을 잊지 마세요!

15. 아이들은 무엇을 가지고 가야 하나요?

(A) 모자

(B) 장난감

(C) 수건

(D) 셔츠

16. 생일 파티는 언제 시작입니까?

(A) 7월 2일

(B) 7월 4일

(C) 7월 8일

(D) 7월 10일

풀이 수영복과 수건을 가져오라고 했으므로 15번의 정답은 (C)다. 초대장에 파티를 7월 10일에 한다고 했으므로 16번의 정답은 (D)다.

Words and Phrases invite 초대하다, 요청하다; 초대 forget 잊다, 까먹다

[17-18]

17. How much does a ticket cost?

(A) $1.00

(B) $2.00

(C) $3.00

(D) $4.00

18. Who will play on August 29th?

(A) Babs and Lolo

(B) The Choo-Choo Band

(C) Doodlebops

(D) Candy Apples

해석

> 축제에서 열릴 늦여름 아이들의 콘서트
> 모든 티켓은 $2.00
> *Babs and Lolo: 8월 26일, 27일
> *The Choo-Choo Band: 8월 29일, 30일
> *Doodlebops: 9월 4일부터 7일
> 매일 오후 3시 30분
> 레모네이드 $1.00
> 팝콘 $2.00
> 캔디 애플 $1.00

17. 티켓은 얼마인가요?

(A) 1달러

(B) 2달러

(C) 3달러

(D) 4달러

18. 8월 29일에는 누가 공연을 하나요?

(A) Babs and Lolo

(B) The Choo-Choo Band

(C) Doodlebops

(D) Candy Apples

풀이 티켓은 모두 2달러라고 실용문 윗부분에 있으므로 17번의 정답은 (B)다. 8월 29일에 공연을 하는 팀은 The Choo-Choo Band이므로 18번의 정답은 (B)다.

Words and Phrases concert 연주회, 콘서트 fair 공정한, 공평한; 타당하게; 축제, 박람회 lemonade 레몬 탄산음료, 레모네이드 (레몬주스에 설탕과 물을 탄 것) popcorn 팝콘 candy apple 캔디 애플 (막대기에 꽂은 사과에 캐러멜이나 시럽을 입힌 것)

[19-20]

19. Which animal is NOT in Set 1?

(A) cat

(B) horse

(C) rabbit

(D) deer

20. How many colors are in each stamp set?

(A) one

(B) two

(C) three

(D) four

해석

> Mabel의 도장 세트
> 가장 좋아하는 도장 세트를 고르세요.
> *세트 1: 동물 발자국 - 말, 토끼, 고양이, 곰, 개
> *세트 2: 과일 우표 - 사과, 바나나, 배, 딸기, 수박
> *세트 3: 모양 - 원, 사각형, 삼각형, 별, 구름
> *세트 4: 우주 - 로켓, 태양, 달, 별
>
> 각 세트에는 2가지 색이 있습니다!
> - 빨강, 파랑, 노랑, 초록 중에 고르세요.

19. 세트 1에 있는 동물이 아닌 것은 어떤 동물인가요?

(A) 고양이

(B) 말

(C) 토끼

(D) 사슴

20. 각 도장 세트에는 몇 개의 색상이 있나요?

(A) 1

(B) 2

(C) 3

(D) 4

풀이 세트 1인 동물 발자국에는 말, 토끼, 고양이, 곰, 개가 있으므로 19번의 정답은 (D)다. 각 세트에는 2개의 색이 있으며 빨강, 파랑, 노랑, 초록 중에 선택할 수 있으므로 20번의 정답은 (B)다.

Words and Phrases stamp 도장, 우표, (발을) 쿵쾅거리기; (발을) 구르다, (도장을) 찍다 footprint 발자국 shape 모양, 상태; 모양으로 만들다 space 공간, 장소, 우주; 간격을 두다 rocket 로켓; 치솟다, 급증하다 come with …이 딸려있다, 따라가다

Part D. General Reading and Retelling (p.54)

[21-22]

> Riley has a friend. Her name is Carla. Riley and Carla play together almost every day. Riley is a good singer while Carla is a good dancer and pianist. When Carla plays the piano, Riley sings songs. Riley and Carla always have fun together.

21. Who is good at playing the piano?

(A) Riley

(B) **Carla**

(C) both of them

(D) neither of them

22. How often do they play together?

(A) rarely

(B) never

(C) sometimes

(D) very often

> Riley는 친구가 있다. 그녀의 이름은 Carla이다. Riley와 Carla는 거의 매일 함께 논다. Riley는 노래를 잘하고 Carla는 춤과 피아노를 잘한다. Carla가 피아노를 칠 때면, Riley는 노래를 부른다. Riley와 Carla는 항상 즐겁게 보낸다.

21. 누가 피아노를 잘 치나요?

(A) Riley

(B) Carla

(C) 둘 다 (잘한다)

(D) 둘 다 (못한다)

22. 그들은 얼마나 함께 자주 노나요?

(A) 드물게 (논다)

(B) 절대로 (놀지 않는다)

(C) 가끔 (논다)

(D) 매우 자주 (논다)

풀이 Carla가 피아노 치는 것과 춤추는 것을 잘한다고 했으므로 21번의 답은 (B)다. 얼마나 Riley와 Carla가 거의 매일 논다고 처음에 나와 있으므로 얼마나 자주 노는지 물어보는 질문에 매우 자주 논다고 대답한 (D)가 22번의 정답이다.

Words and Phrases almost 거의 neither (둘 중) 어느 것도 …아니다. …도 마찬가지이다 rarely 드물게, 좀처럼 …하지 않는 how often 몇 번(차례) …?, 얼마만큼 자주 …? very often 매우 자주, 빈번히

[23-24]

> Nowadays, people all around the world stay up late on December 31st for the start of the New Year. However, for most of history, countries outside of Europe had their own calendars with different months and year numbers. For example, January 1st, 2000 was 11 Pausa in India, 1921. In Persia, the date was 11 Dey, 1378.

23. When does the New Year start in Europe?

(A) December 31st

(B) January 1st

(C) 11 Pausa

(D) 11 Dey

24. According to the passage, which country had a different calendar from Europe's?

(A) India

(B) France

(C) Brazil

(D) the United States

> 요즘에는, 전 세계의 사람들이 새해의 시작을 위해 12월 31일에 늦게까지 깨어 있는다. 그러나, 역사의 대부분 동안, 유럽 밖의 나라들은 다른 달과 해의 숫자로 채워진 그들만의 달력을 가지고 있었다. 예를 들어, 인도의 2000년 1월 1일은 1921년 11 Pausa 이었다. 페르시아에서는, 그 날은 1378년 11 Dey 이었다.

23. 유럽에서 새해는 언제 시작합니까?

(A) 12월 31일

(B) 1월 1일

(C) 11 Pausa

(D) 11 Dey

24. 지문에 따르면, 어떤 나라가 유럽과 다른 달력을 갖고 있습니까?

(A) 인도

(B) 프랑스

(C) 브라질

(D) 미국

풀이 새해를 기다리기 위해 12월 31일에 늦게까지 깨어있다고 했으므로 새해는 그 다음날인 1월 1일임을 유추할 수 있다. 따라서 23번의 답은 (B)다. 지문에서 유럽과 다른 달력을 가지고 있었다고 언급한 두 나라는 인도와 페르시아이므로 답은 (A)이다.

Words and Phrases stay up late 늦게까지 자지 않고 있다 calendar 달력

[25-26]

> All around Joyce's neighborhood, there are lots of places to go. There is a big shopping mall, a concert hall, a stadium, a community center and many small shops. Joyce is going to the flower shop to buy tulips today and then she is going to visit the library to read books.

25. What place is NOT in Joyce's neighborhood?

(A) library

(B) museum

(C) concert hall

(D) community center

26. Why is Joyce going to the library?

(A) to sleep

(B) to read books

(C) to check her emails

(D) to return books

> Joyce의 이웃에는 갈 곳이 많다. 큰 쇼핑몰, 콘서트 홀, 경기장, 지역 문화 센터 그리고 많은 작은 가게들이 있다. 오늘 Joyce는 꽃집에 가서 튤립을 사고 나서 도서관에 가서 책을 읽을 것이다.

25. Joyce의 주변에서 갈 수 없는 장소는 어디인가요?

(A) 도서관

(B) 박물관

(C) 콘서트 홀

(D) 지역 문화 센터

26. Joyce는 도서관에 왜 가나요?

(A) 잠을 자려고

(B) 책을 읽으려고

(C) 이메일을 확인하려고

(D) 책을 반납하려고

풀이 박물관이 이웃에 있다는 내용이 없으므로 25번의 정답은 (B)다. 책을 읽으려고 도서관에 간다고 했으므로 26번의 정답은 (B)다.

Words and Phrases neighborhood 근처; 이웃, 이웃 사람들, (어떤 지역

의) 주민; 주의, 지역 shopping mall 쇼핑몰 concert hall 콘서트 홀, 음악당, 연주회장 stadium 경기장, 스타디움 community center 시민 문화 회관, (지역) 복지관 flower shop 꽃가게, 꽃집 tulip 튤립 museum 박물관, 미술관 check 살피다, 확인하다; 확인, 점검, 조사, 억제, 체크무늬 return 돌아오다, 반납하다, 되살아나다; 돌아옴

fact (···라는) 점, 사실 tour site 관광지 American 미국인, 미국 영어, 미국의 Australian 오스트레일리아의 (호주의), 호주 사람

[27-28]

The Sydney Opera House is one of the most famous buildings in the world. It was built in Sydney, Australia in 1973. When people from all over the world visit Sydney, they like to go see the beautiful Opera House. The Opera House hosts the world's most popular performers and has around 2,400 events every year.

27. What is the passage about?
(A) **facts about the Opera House**
(B) the design of the Opera House
(C) Sydney's popular singers
(D) Sydney's famous tour sites

28. Who visits the Sydney Opera House?
(A) all Americans
(B) only the Australians
(C) only Asians
(D) **people from all over the world**

해석

시드니의 오페라 하우스는 세계에서 가장 유명한 건축물 중에 하나이다. 그것은 1973년 호주 시드니에 지어졌다. 전 세계의 사람들 시드니를 방문할 때, 이것의 아름다움을 보기 위해 오페라 하우스에 간다. 시드니 오페라 하우스는 세계의 유명한 공연가를 초대하고 매년 2,400개의 행사를 주최한다.

27. 이 글을 무엇에 관한 내용인가요?
(A) 오페라 하우스에 관한 사실
(B) 오페라 하우스의 디자인
(C) 시드니의 인기가 많은 가수들
(D) 시드니의 유명한 관광지

28. 누가 시드니 오페라 하우스를 방문하나요?
(A) 모든 미국 사람들이
(B) 호주 사람들만
(C) 아시아 사람들만
(D) 전 세계 사람들이

풀이 이 글은 시드니 오페라 하우스의 역사와 현재 열리는 공연과 같은 정보와 사실에 관한 글이므로 27번의 정답은 (A)다. 전 세계의 사람들이 오페라 하우스의 아름다움을 보기 위해 시드니를 방문한다고 했으므로 28번의 정답은 (D)다.

Words and Phrases all over 곳곳에(온 데) take in (몸 속으로) ···을 섭취하다, ···을 포함하다, ···을 눈여겨보다 host 주인, 주최국, 진행자; 주최하다, 진행하다 performer 연기자, 연주자, 공연자 stage 단계, 무대; 개최하다, 벌이다

[29-30]

Do you eat three meals a day? Most people eat breakfast, lunch, and dinner every day, but not all cultures have this schedule. In some places, people eat whenever they are hungry. They do not have a special time to eat. In other countries, people have only two meals a day, and some places four or more!

29. According to this passage, what is the most common meal schedule?
(A) **three meals a day**
(B) two meals a day
(C) four meals a day
(D) one meal a day

30. According to this passage, what is true?
(A) Four meals a day is too many.
(B) Eating three meals a day is the healthiest.
(C) **In some countries, people only eat when they are hungry.**
(D) Breakfast, lunch, and dinner are the only types of meals.

해석

당신은 하루에 세번 식사를 하나요? 대부분의 사람들은 매일 아침, 점심, 저녁을 먹지만 모든 문화가 이 스케줄이 있는 것은 아닙니다. 어떤 지역에서는, 사람들이 배고플 때마다 밥을 먹습니다. 그들은 먹는 특별한 시간이 없습니다. 다른 나라들에서는, 사람들이 하루에 두 끼만 먹고, 어떤 곳에서는 네 번 혹은 더 많이 먹습니다!

29. 지문에 따르면, 가장 흔한 식사 스케줄은 무엇입니까?
(A) 하루에 세 끼
(B) 하루에 두 끼
(C) 하루에 네 끼
(D) 하루에 한 끼

30. 지문에 따르면, 사실인 것은 무엇입니까?
(A) 하루에 네 끼를 먹는 것은 너무 많다.
(B) 하루에 세 끼를 먹는 것은 가장 건강하다.
(C) 어떤 나라에서는 사람들이 배고플 때만 먹는다.
(D) 아침, 점심, 저녁은 식사의 유일한 종류다.

풀이 대부분의 사람들은 매일 아침, 점심, 저녁을 먹는다고 했으므로 가장 흔한 식사 스케줄은 하루에 세 끼이다. 따라서 정답은 (A)이다.
일부 지역에서는 사람들이 배고플때마다 밥을 먹는다고 했으므로 정답은 (C)이다.

Words and Phrases meal 식사 breakfast 아침 culture 문화 whenever 언제든지

TOSEL BASIC

실전 3회

Section I Listening and Speaking

1 (C)	2 (D)	3 (A)	4 (B)	5 (D)
6 (A)	7 (C)	8 (C)	9 (B)	10 (D)
11 (D)	12 (B)	13 (C)	14 (B)	15 (B)
16 (C)	17 (B)	18 (B)	19 (A)	20 (C)
21 (D)	22 (D)	23 (D)	24 (C)	25 (B)
26 (A)	27 (A)	28 (B)	29 (D)	30 (D)

Section II Reading and Writing

1 (A)	2 (C)	3 (B)	4 (C)	5 (A)
6 (D)	7 (A)	8 (A)	9 (D)	10 (B)
11 (B)	12 (C)	13 (A)	14 (B)	15 (D)
16 (B)	17 (D)	18 (B)	19 (A)	20 (D)
21 (B)	22 (A)	23 (B)	24 (D)	25 (B)
26 (D)	27 (B)	28 (B)	29 (A)	30 (B)

SECTION I LISTENING AND SPEAKING

Part A. Listen and Recognize (p.61)

1. B: The girl has two flowers.
   (C)
해석 소년: 소녀는 꽃 두 송이가 있다.
풀이 꽃 두 송이를 들고 있는 소녀 그림 (C)가 정답이다.
Words and Phrases flower 꽃

2. G: The man is a farmer.
   (D)
해석 소녀: 남자는 농부이다.
풀이 농부 그림 (D)가 정답이다.
Words and Phrases farmer 농부, 농장주, 농장 관리인

3. B: The boy has three dogs.
   (A)
해석 소년: 소년은 세 마리의 개가 있다.
풀이 세 마리의 개를 가지고 있는 소년 그림 (A)가 정답이다.

4. G: Point to the desk.
   (B)
해석 소녀: 책상을 가리켜.
풀이 소년이 책상을 가리키고 있는 그림 (B)가 정답이다.
Words and Phrases point 의견, 요점, 의미; (손가락) 가리킴,
                   가리키다, 향하다 desk 책상

5. B: The old man is short.
   (D)
해석 소년: 남자 노인은 키가 작다.
풀이 키가 작고 나이가 든 남자 그림 (D)가 정답이다.
Words and Phrases short 짧은, 키가 작은, 부족한 old 나이가 ⋯인, 나이
                   가 많은, 낡은, 오래된

Part B. Listen and Respond (p.63)

6. W: Count the empty boxes.
   B: _____
   (A) There are twelve.
   (B) They are in a box.
   (C) They are red and blue.
   (D) There are crayons and pencils.
해석 여자: 빈 상자를 세어보세요.
    소년: _____
    (A) 열두 상자가 있어요.
    (B) 상자 안에 있어요.
    (C) 빨간색과 파란색이에요.
    (D) 크레용과 연필이 있어요.
풀이 빈 상자의 개수를 세어달라는 여자의 부탁에 12개가 있다고 대답한 (A)가
    정답이다.
Words and Phrases count 세다, 계산하다; 셈, 계산 box 박스, 상자
                   twelve 12, 열둘 crayon 크레용

7. B: Is Nancy drawing a picture?
   G: _____
   (A) Yes, it's expensive.
   (B) Yes, I like that picture.
   (C) No, she's writing a letter.
   (D) No, I don't like drawing.
해석 소년: Nancy는 그림을 그리고 있니?
    소녀: _____
    (A) 응, 비싸.
    (B) 응, 나는 그 그림이 마음에 들어.
    (C) 아니, 그녀는 편지를 쓰고 있어.
    (D) 아니, 나는 (그림) 그리는 것을 좋아하지 않아.
풀이 Nancy가 그림을 그리고 있는지 묻는 질문에 아니라며 편지를 쓰고 있다고
    대답하는 (C)가 정답이다.
Words and Phrases draw (그림을) 그리다, 끌어당기다; 추첨 picture 그
                  림, 사진 write (글씨, 편지 등을)쓰다, 작성하다 letter
                  글자, 편지

8. G: Do you like swimming?
   B: _____
   (A) Yes, I'm making sand castles.
   (B) Yes, I have a swimsuit.
   (C) Yes, I like swimming.
   (D) Yes, the water is cold.
해석 소녀: 수영을 좋아하니?

소년: _____

   (A) 응, 모래성을 만들고 있어.

   (B) 응, 수영복이 있어.

   (C) 응, 수영하는 것을 좋아해.

   (D) 응, 물이 차가워.

풀이 수영을 좋아하는지 묻는 소녀의 질문에 수영하는 것을 좋아한다고 대답하는 (C)가 정답이다.

Words and Phrases swim 수영하다, 헤엄치다; 수영 swimsuit 수영복

9. B: Where are you going, Nancy?

   G: _____

   (A) I went to the library.

   (B) I am going to the gym.

   (C) I'm studying hard.

   (D) I'm good, and you?

해석 소년: Nancy, 너는 어디에 가고 있니?

   소녀: _____

   (A) 나는 도서관에 갔어.

   (B) 체육관에 가고 있어.

   (C) 나는 열심히 공부하고 있어.

   (D) 나는 좋아, 너는?

풀이 소년이 Nancy에게 어디를 가는지 물어보는 질문에 체육관에 가고있다고 대답한 (B)가 정답이다.

Words and Phrases study 공부하다, 배우다; 공부, 학습

10. G: It's time for lunch.

   B: _____

   (A) Sorry, I can't do that.

   (B) No, I'm tired.

   (C) Yes, I'm here.

   (D) Great! I'm hungry.

해석 소녀: 점심 먹을 시간이야.

   소년: _____

   (A) 미안해, 할 수 없을 것 같아.

   (B) 아니, 나는 피곤해.

   (C) 응, 나 여기 있어.

   (D) 좋아! 배고프다.

풀이 점심시간이라고 말하는 소녀의 말에 배가 고프다고 응답하는 것이 가장 적절하므로 (D)가 정답이다.

Words and Phrases time for …하기 위한 시간 lunch 점심 sorry 안된, 안 쓰러운, 미안한 tired 피로한, 피곤한, 지친 thirsty 목이 마른, 갈증이 나는 hungry 배고픈, 굶주리는

Part C. Listen and Retell (p.64)

11. B: Is Emma going to the library after school?

   G: No, she isn't. She's going home.

   Q: Where is Emma going?

   (D)

해석 소년: Emma는 방과 후에 도서관에 가니?

   소녀: 아니, 그렇지 않아. 그녀는 집에 가.

질문: Emma는 어디에 가나요?

풀이 Emma는 집에 간다고 했으므로 집 그림이 있는 (D)가 정답이다.

Words and Phrases library 도서관

12. G: I am doing my homework. What are you doing?

   B: I am playing a game with my dog.

   Q: What is the boy doing?

   (B)

해석 소녀: 나는 지금 숙제를 하고 있어. 너는 무엇을 하니?

   소년: 우리 집 개랑 게임하며 놀고 있어.

질문: 소년은 무엇을 하고 있나요?

풀이 숙제를 하고 있는 소녀가 소년에게 무엇을 하는지 물어보자 소년이 개와 게임을 하며 놀고 있다고 대답했으므로 정답은 (B)다.

Words and Phrases do homework 숙제를 하다

13. B: What's on TV?

   G: A baseball game.

   Q: What is the girl watching on TV now?

   (C)

해석 소년: TV에서 뭐 하니?

   소녀: 야구경기.

질문: 소녀는 지금 TV에서 무엇을 보고 있나요?

풀이 소녀가 TV에서 야구경기를 하고 있다고 했으므로 야구경기 모습이 보이는 TV가 있는 (C)가 정답이다.

Words and Phrases on TV TV에 baseball game 야구경기

14. G: Do you have English class today?

   B: No, it's Monday. I have English class on Tuesday.

   Q: When is the boy's English class?

   (A) Monday

   (B) Tuesday

   (C) yesterday

   (D) today

해석 소녀: 오늘 영어수업이 있니?

   소년: 아니, 월요일이잖아. 화요일에 영어수업이 있어.

질문: 소년의 영어수업은 언제인가요?

   (A) 월요일

   (B) 화요일

   (C) 어제

   (D) 오늘

풀이 소년은 화요일에 영어수업이 있다고 대답했으므로 정답은 (B)다.

Words and Phrases class 반, 수업 Monday 월요일 Tuesday 화요일 yesterday 어제 today 오늘

15. B: Julia, did you see my jacket?

   G: No, but I see your hat on the table.

   Q: What does Julia see?

   (A) a bag

   (B) a hat

   (C) a jacket

   (D) a shirt

해석 소년: Julia, 내 재킷을 봤니?

소녀: 아니, 하지만 테이블 위에 네 모자가 보여.

질문: Julia는 무엇을 보나요?

(A) 가방

(B) 모자

(C) 재킷

(D) 셔츠

풀이 재킷을 보았는지 물어보는 소년의 질문에 재킷은 보지 못했지만 모자가 보인다고 대답했으므로 (B)가 정답이다.

16. G: Do you have a bike?

B: No, I have roller skates.

Q: What does the boy have?

(A) a bike

(B) a skateboard

(C) roller skates

(D) ice skates

해석 소녀: 자전거가 있니?

소년: 아니, 롤러스케이트가 있어.

질문: 소년은 무엇이 있나요?

(A) 자전거

(B) 스케이트보드

(C) 롤러스케이트

(D) 아이스 스케이트

풀이 자전거가 있는지 물어보는 소녀의 질문에 롤러스케이트를 가지고 있다고 소년이 대답했으므로 정답은 (C)다.

Words and Phrases roller skates 롤러스케이트 skateboard 스케이트보드 ice skates (아이스) 스케이트

17. B: Hi, Katie! Do you know Tyler?

G: Yes, of course. He's my brother.

Q: Who is Tyler?

(A) Katie's sister

(B) Katie's brother

(C) Katie's daughter

(D) Katie's friend

해석 소년: 안녕, Katie! Tyler를 아니?

소녀: 응, 당연하지. 그는 내 오빠/남동생이야.

질문: Tyler는 누구인가요?

(A) Katie의 언니/여동생

(B) Katie의 오빠/남동생

(C) Katie의 딸

(D) Katie의 친구

풀이 Katie가 Tyler는 그녀의 오빠/남동생이라고 했으므로 정답은 (B)다.

Words and Phrases of course 물론 brother 형/오빠/남동생 daughter 딸

[18-19]

G: Jason likes to paint. He paints pictures of his friends and family. He uses many different colors in his pictures. His family and friends think he is a good painter.

18. What does Jason like to do?

(A) decorate

(B) paint pictures

(C) take pictures

(D) highlight

19. What does he paint?

(A) friends and family

(B) plants and animals

(C) fruit and vegetables

(D) cars and boats

해석 소녀: Jason은 그리는 것을 좋아한다. 그는 그의 친구들과 가족의 그림을 그린다. 그는 많은 다양한 색을 그림에 사용한다. 가족과 친구들은 그가 훌륭한 화가라고 생각한다.

18. Jason이 좋아하는 것은 무엇인가요?

(A) 꾸미기

(B) 그림 그리기

(C) 사진 찍기

(D) 형광 펜으로 표시하기

19. 그는 무엇을 그리나요?

(A) 친구와 가족

(B) 식물과 동물

(C) 과일과 채소

(D) 자동차와 보트

풀이 Jason은 그림을 그리는 것을 좋아한다고 했으므로 18번의 정답은 (B)다. Jason은 친구들과 가족의 그림을 그린다고 했으므로 19번의 정답은 (A)다.

Words and Phrases use 쓰다, 사용하다 painter 화가 decorate 장식하다, 꾸미다 highlight 강조하다, (형광펜등으로) 표시를 하다 plant 식물, 초목

[20-21]

B: I go to the zoo every month. I like to see the different kinds of animals. My favorite animals are the penguins. Their walking is really funny. I like to copy their waddling walk. It's fun.

20. How often does the boy go to the zoo?

(A) every day

(B) every week

(C) every month

(D) every season

21. What is his favorite animal?

(A) zebra

(B) lion

(C) tiger

(D) penguin

해석 소년: 나는 매달 동물원에 간다. 나는 다른 종류의 동물을 보는 것을 좋아한다. 내가 가장 좋아하는 동물은 펭귄이다. 펭귄의 걸음걸이는 굉장히 웃기다. 나는 그들의 뒤뚱거리는 걸음을 따라 하는 것을 좋아한다. 그것은 재미있다.

20. 소년은 얼마나 자주 동물원에 가나요?

(A) 매일

(B) 매주

(C) 매달

(D) 계절마다

[21]

21. 그가 가장 좋아하는 동물은 무엇인가요?

    (A) 얼룩말

    (B) 사자

    (C) 호랑이

    (D) 펭귄

풀이 소년은 매달 동물원에 간다고 했으므로 20번의 정답은 (C)다. 소년이 가장 좋아하는 동물은 펭귄이라고 했으므로 21번의 정답은 (D)다.

Words and Phrases penguin 펭귄 really 실제로, 진짜로 copy 복사, 한 부; 복사하다, 따라 하다 waddle (오리처럼) 뒤뚱뒤뚱 걷다

[22-23]

G: Lucy's dog Daisy loves to go outside. Lucy walks Daisy on Mondays, Wednesdays and Fridays. When it rains, they can't go for a walk. They both hate rainy days. They usually go to the park on their walks. Daisy is a happy dog.

22. When does Lucy walk her dog?

    (A) Mondays

    (B) Fridays

    (C) Wednesdays, Fridays and Saturdays

    (D) Mondays, Wednesdays and Fridays

23. What kind of weather do Lucy and Daisy hate?

    (A) windy days

    (B) snowy days

    (C) sunny days

    (D) rainy days

해석 소녀: Lucy의 개 Daisy는 밖에 나가는 것을 좋아한다. Lucy는 Daisy를 월요일, 수요일, 그리고 금요일에 산책시킨다. 비가 오면 그들은 산책을 나갈 수 없다. 그들은 모두 비가 오는 날을 싫어한다. 그들은 산책할 때 주로 공원에 간다. Daisy는 행복한 개다.

22. Lucy는 개를 언제 산책시키나요?

    (A) 월요일

    (B) 금요일

    (C) 수요일, 금요일, 토요일

    (D) 월요일, 수요일, 금요일

23. Lucy와 Daisy는 어떤 날씨를 싫어하나요?

    (A) 바람이 부는 날

    (B) 눈이 오는 날

    (C) 맑은 날

    (D) 비가 오는 날

풀이 Lucy는 월요일과 수요일, 그리고 금요일에 개를 산책시킨다고 했으므로 22번의 정답은 (D)다. Lucy와 Daisy는 산책을 갈 수 없어 비가 오는 날을 싫어한다고 했으므로 23번의 정답은 (D)다.

Words and Phrases walk 걷다, (~을) 산책시키다 Monday 월요일 Wednesday수요일 Friday 금요일 hate 몹시 싫어하다, 미워하다; 증오 usually 보통, 대개 Saturday 토요일 sunny 화창한, 햇살이 (눈부시게) 내리쬐는, 맑은 rainy 비가 오는

[24-25]

B: My dad gave me 10 dollars. I went to the supermarket. Then, I bought milk, bread, and apples. The milk was 3 dollars and the bread was 2 dollars. Four apples were 2 dollars. I had 3 dollars left. What should I buy?

24. Where did the boy go?

    (A) a bakery

    (B) a restaurant

    (C) a supermarket

    (D) a fruit store

25. How much were the four apples?

    (A) $1.00

    (B) $2.00

    (C) $3.00

    (D) $4.00

해석 소년: 아버지께서 나에게 10달러를 주셨다. 나는 슈퍼마켓에 갔다. 나는 우유, 빵, 그리고 사과를 샀다. 우유는 3달러이고 빵은 2달러였다. 사과 4개는 2달러였다. 나는 3달러가 남았다. 나는 무엇을 사야할까?

24. 소년은 어디에 갔나요?

    (A) 빵집

    (B) 식당

    (C) 슈퍼마켓

    (D) 과일가게

25. 사과 4개는 얼마였나요?

    (A) 1달러

    (B) 2달러

    (C) 3달러

    (D) 4달러

풀이 소년은 슈퍼마켓에 가서 우유, 빵, 사과를 샀다고 했으므로 24번의 정답은 (C)다. 사과 4개는 2달러라고 했으므로 25번의 정답은 (B)다.

Words and Phrases give (gave의 현재형)(건네)주다 should …해야 한다, …일 것이다 bakery 빵집, 제과점 restaurant 식당, 레스토랑 fruit shop 과일가게

Part D. Listen and Speak (p.68)

26. G: Lucas, time to order.

    B: What do you want to eat?

    G I want a sandwich. And you?

    B: _____

    (A) I'll have the same.

    (B) I like Italian food.

    (C) I don't need a drink.

    (D) I'm making a sandwich.

해석 소녀: Lucas, 주문할 시간이야.

    소년: 무엇을 먹고 싶니?

    소녀: 나는 샌드위치를 원해, 너는?

    소년: _____

    (A) 같은 것으로 할래.

(B) 나는 이탈리아 음식을 좋아해.

(C) 난 음료는 필요 없어.

(D) 샌드위치를 만들고 있어.

풀이 소녀가 주문을 하는 상황에서 샌드위치를 원한다고 하면서 소년에게도 무엇을 주문할 것인지 물어보므로 같은 것으로 하겠다고 대답하는 (A)가 정답이다.

Words and Phrases sandwich 샌드위치

27. B: What do you want?

G: I want a pencil.

B: What color do you want?

G: _____

(A) I want a green pencil.

(B) I want a blue pen.

(C) I want a long pen.

(D) I want a short pencil.

해석 소년: 무엇을 원하니?

소녀: 연필을 원해.

소년: 어떤 색을 원하니?

소녀: _____

(A) 초록색 연필을 원해.

(B) 파란색 펜을 원해.

(C) 긴 펜을 원해.

(D) 짧은 연필을 원해.

풀이 소년이 소녀에게 어떤 색의 연필을 원하는지 물었으므로 색상으로 대답한 (A)가 정답이다. (B)는 연필이 아니라 펜으로 대답했으므로 대상이 달라서 정답이 될 수 없다.

28. G: Who is the old lady over there?

B: She's my grandmother.

G: How old is she?

B: _____

(A) She is late.

(B) She is 81 years old.

(C) She is my grandmother.

(D) She is tired.

해석 소녀: 저쪽에 계시는 할머니는 누구시니?

소년: 우리 할머니셔.

소녀: 연세가 어떻게 되시니?

소년: _____

(A) 그녀는 늦었어.

(B) 81세야.

(C) 나의 할머니야.

(D) 피곤하셔.

풀이 저쪽에 계시는 할머니가 누구인지 물어보는 소녀의 말에 소년이 자신의 할머니라고 소개하였고 소녀가 다시 소년의 할머니의 연세를 물어보므로 나이를 표현하는 숫자로 대답한 (B)가 정답이다.

Words and Phrases over there 저쪽에, 저기에서

29. B: Do you like to watch movies?

G: No, I like reading books.

B: Oh, what do you read?

G: _____

(A) I don't like reading.

(B) They're cartoons.

(C) Reading is fun.

(D) I read novels.

해석 소년: 영화 보는 것을 좋아하니?

소녀: 아니, 책 읽는 것을 좋아해.

소년: 아, 무엇을 읽니?

소녀: _____

(A) 나는 독서를 좋아하지 않아.

(B) 그것들은 만화영화야.

(C) 독서는 재미있어.

(D) 소설책을 읽어.

풀이 무엇을 읽는지 소년이 물어봤으므로 소설책을 읽는다고 대답한 (D)가 정답이다.

Words and Phrases reading 독서, 읽기, 이해 cartoon 만화, 만화 영화 novel (장편)소설

30. G: Where are your brothers?

B: They are at the park.

G: What are they doing there?

B: _____

(A) They are ten years old.

(B) They are happy.

(C) They are tall.

(D) They are playing soccer.

해석 소녀: 너의 형/남동생들은 어디에 있어?

소년: 공원에 있어.

소녀: 거기서 무엇을 하고 있니?

소년: _____

(A) 그들은 열 살이야.

(B) 그들은 행복해.

(C) 그들은 키가 커.

(D) 축구를 하고 있어.

풀이 소년의 형/남동생들이 무엇을 하고 있는지를 묻고 있으므로 축구를 한다고 대답한 (D)가 정답이다.

SECTION II READING AND WRITING

Part A. Sentence Completion (p.71)

1. A: _____ is my friend, Joshua.

B: Nice to meet you.

(A) This

(B) Then

(C) These

(D) Those

해석 A: 여기는 내 친구 Joshua야.

B: 만나서 반가워.

(A) 여기 (단수형)

(B) 그러면

(C) 여기 (복수형)

(D) 저기 (복수형)

풀이 친구를 소개하는 대화로 한 명에 맞는 단수형으로 표현한 (A)가 정답이다.

2. A: Can I _____ some of your French Fries?

B: Go ahead.

(A) has

(B) had

(C) have

(D) will have

해석 A: 내가 너의 감자튀김을 먹어도 될까?

B: 그렇게 해.

(A) 가지다/먹다 (3인칭 단수 현재형)

(B) 가지다/먹다 (과거형)

(C) 가지다/먹다 (동사원형)

(D) 가지다/먹다 (미래형)

풀이 조동사 can은 동사원형과 함께 쓰여야 하므로 (C)가 정답이다.

3. A: Is Ms. James a teacher?

B: No, She _____.

(A) is

(B) isn't

(C) hasn't

(D) wasn't

해석 A: Ms. James는 선생님이니?

B: 아니, 그녀는 (선생님이) 아니야.

(A) 맞아

(B) 아니야

(C) 하지 않았어

(D) 아니었어

풀이 be동사로 선생님인지 묻는 질문에 아니라며 be동사의 부정형으로 대답한 (B)가 정답이다.

Words and Phrases teacher 선생님

4. A: _____ do you go to school?

B: I go to school at 8 o'clock in the morning.

(A) How

(B) What

(C) When

(D) Where

해석 A: 언제 학교에 가니?

B: 아침 8시에 학교에 가.

(A) 어떻게

(B) 무엇

(C) 언제

(D) 어디

풀이 B가 아침 8시에 학교에 간다고 대답했으므로 시간을 물어보는 의문사 (C)가 정답이다.

5. A: I don't know how to _____ the guitar.

B: I can teach you.

(A) play

(B) plays

(C) played

(D) playing

해석 A: 난 기타를 어떻게 연주하는지 모르겠어.

B: 내가 가르쳐 줄게.

(A) 연주하다

(B) 연주하다 (3인칭 단수)

(C) 연주했다

(D) 연주하는

풀이 '의문사 + to 동사원형'의 형태로 빈칸에는 동사원형이 나와야 하므로 (A)가 정답이다.

Part B. Situational Writing (p.72)

6. The boy is _____.

(A) making a pie

(B) giving a cake

(C) drinking milk

(D) buying a hamburger

해석 소년이 햄버거를 사고 있다.

(A) 파이를 만들고

(B) 케이크를 주고

(C) 우유를 마시고

(D) 햄버거를 사고

풀이 소년이 햄버거 가게에서 주문한 햄버거를 사고/주문하고 있는 그림이므로 정답은 (D)다.

Words and Phrases buy 사다, 구매하다

7. The boy plays _____.

(A) in the sand

(B) in the snow

(C) on the grass

(D) on the water

해석 소년이 모래에서 놀고 있다.

(A) 모래에서

(B) 눈에서

(C) 잔디에서

(D) 물에서

풀이 소년이 바닷가 모래사장에서 놀고 있으므로 정답은 (A)다.

8. The man is _____.

(A) waiting at the bus station.

(B) dancing with the girl

(C) running with his dog

(D) walking along the river

해석 남자가 버스정류장에서 기다리고 있다.

(A) 버스정류장에서 기다리고

(B) 소녀와 춤을 추고

(C) 그의 개와 함께 뛰고

(D) 강을 따라 걷고

풀이 남자가 손목시계를 보며 버스를 기다리고 있으므로 정답은 (A)다.

Words and Phrases along …을 (죽 · 계속) 따라; 앞으로, …와 함께

---

9. Four_____ are swimming in a bowl.

(A) worms

(B) seaweeds

(C) turtles

(D) fish

해석 물고기 4마리가 어항에서 수영을 하고 있다.

(A) 벌레

(B) 해초

(C) 거북이

(D) 물고기

풀이 어항 안에 물고기가 4마리가 헤엄치고 있으므로 정답은 (D)다.

Words and Phrases worm 벌레, 기생충 turtle 바다 거북, 거북이

seaweed 해조, 해초

---

10. The woman is _____ of the house.

(A) painting the wall

(B) painting the door

(C) cleaning the roof

(D) cleaning the door

해석 여자는 집의 문을 페인트칠하고 있다.

(A) 벽을 페인트칠하고

(B) 문을 페인트칠하고

(C) 지붕을 청소하고

(D) 문을 청소하고

풀이 남자는 벽에 페인트칠을 하고, 여자는 문에 페인트칠을 하고 있으므로 정답은 (B)다.

Words and Phrases roof 지붕, 천장; 지붕을 덮다

Part C. Practical Reading and Retelling (p.74)

[11-12]

How to Give Your Dog a Bath

1. Put some warm water in the bathtub. Not too deep.

2. Close the bathroom door so the dog cannot get out.

3. Put your dog in the water.

4. Gently wash your dog with dog shampoo.

5. Dry your dog softly with a towel.

11. What do you need to do third?

(A) Close the bathroom door.

(B) Put your dog in the water.

(C) Wash your dog with shampoo.

(D) Put some warm water in the bathtub.

---

12. What do you NOT need when washing the dog?

(A) a bathtub

(B) a towel

(C) a mild soap

(D) dog shampoo

해석

개를 목욕시키는 방법

1. 욕조에 따뜻한 물을 넣는다. 너무 깊게 물을 받지 않는다.

2. 개가 나갈 수 없도록 욕실 문을 닫는다.

3. 개를 물에 넣는다.

4. 개 전용 샴푸로 개를 부드럽게 씻긴다.

5. 개를 수건으로 부드럽게 말린다.

11. 세 번째로 해야 하는 것은 무엇인가요?

(A) 욕실 문을 닫는다.

(B) 개를 물 속에 넣는다.

(C) 개를 샴푸로 씻긴다.

(D) 욕조에 따뜻한 물을 넣는다.

12. 개를 씻길 때 필요하지 않은 것은 무엇인가요?

(A) 욕조

(B) 수건

(C) 순한 비누

(D) 개 전용 샴푸

풀이 세 번째에는 개를 물 속으로 넣으라고 했으므로 11번의 정답은 (B)다. 개를 목욕시킬 때 욕조, 수건, 개 전용 샴푸는 필요하지만 순한 비누는 나와있지 않으므로 정답은 (C)다.

Words and Phrases give a bath 목욕시키다 get out 나가다, 떠나다, 알려지다, 생산하다 gently 다정하게, 부드럽게,

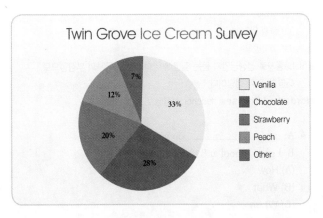

약하게, 완만하게 smoothly 부드럽게, 순조롭게
mild 가벼운, 순한, 온화한

[13-14]

13. What is the most popular ice cream?

(A) vanilla

(B) chocolate

(C) strawberry

(D) peach

14. What percent likes strawberry ice cream?
(A) 12
(B) 20
(C) 28
(D) 33

해석

Twin Grove 아이스크림 조사
바닐라(맛) -33
초콜릿(맛) -28
딸기(맛) -20
복숭아(맛) -12
그 외(맛) -7

13. 가장 인기 많은 아이스크림은 어떤 건가요?
(A) 바닐라(맛)
(B) 초콜릿(맛)
(C) 딸기(맛)
(D) 복숭아(맛)

14. 딸기 아이스크림을 좋아하는 비율은 몇 퍼센트인가요?
(A) 12
(B) 20
(C) 28
(D) 33

풀이 가장 인기 있는 아이스크림은 가장 많은 수를 차지하는 바닐라 아이스크림이므로 13번의 정답은 (A)다. 딸기 아이스크림을 좋아하는 사람의 수는

Sam's weekly schedule

Sun	Mon	Tue	Wed	Thu	Fri	Sat
do chores	walk dog in the park	go to the library	play basketball	go to swimming lesson	ride bike in the park	take a walk in the park

20%이므로 14번의 정답은 (B)다.
Words and Phrases survey (설문) 조사; 살피다 vanilla 바닐라 popular 인기 있는, 대중적인, 일반적인

[15-16]

15. Who plays sports on Tuesday?
(A) Melanie
(B) Jana
(C) Shelly
(D) Quinn

16. How often does Melanie play hockey?
(A) once a week
(B) twice a week
(C) three times a week
(D) five times a week

해석

주간 시간표					
	월요일	화요일	수요일	목요일	금요일
Melanie	하키		하키		바이올린
Jana	피아노	피아노		피아노	피아노
Shelly		노래		노래	
Quinn	농구	농구	농구	농구	농구

15. 화요일에 운동을 하는 사람은 누구인가요?
(A) Melanie
(B) Jana
(C) Shelly
(D) Quinn

16. Melanie는 하키를 얼마나 자주 하나요?
(A) 일주일에 한 번
(B) 일주일에 두 번
(C) 일주일에 세 번
(D) 일주일에 다섯 번

풀이 화요일에 스포츠를 하는 사람은 Quinn이므로 15번의 정답은 (D)다. Melanie는 월요일, 수요일 일주일에 두 번씩 하키를 하므로 16번의 정답은 (B)다.
Words and Phrases weekly 매주의, 주 1회의, 주간의 hockey 하키

[17-18]

Find the Treasure in the Park
* Begin at the park gate.
* Walk to the children's zoo.
* Go to the fence.
* Walk to the picnic tables.
* Find the blue picnic table.
* Look for a piece of paper under the table.

17. What will you find under the picnic table?
(A) gate
(B) table
(C) fence
(D) paper

18. Where does the treasure hunt start?
(A) at the zoo
(B) at the park gate
(C) at the blue fence
(D) at the picnic table

공원에서 보물 찾기

* 공원 문에서 시작한다.
* 어린이 동물원으로 걸어간다.
* 울타리로 간다.
* 피크닉 테이블로 걸어간다.
* 파란 피크닉 테이블을 찾는다.
* 테이블 아래에 있는 종이조각을 찾는다.

17. 피크닉 테이블 아래에서 찾을 수 있는 것은 무엇인가요?

(A) 문
(B) 테이블
(C) 울타리
(D) 종이

18. 어디에서 보물찾기가 시작하나요?

(A) 동물원에서
(B) 공원 문에서
(C) 파란 울타리에서
(D) 피크닉 테이블에서

풀이 피크닉 테이블 밑에는 종이조각이 있다고 했으므로 17번의 정답은 (D)다. 보물찾기는 맨 처음 공원 문에서 시작한다고 했으므로 18번의 정답은 (B)다.

Words and Phrases treasure 보물 gate 문, 대문, 출입구 fence 울타리; 울타리를 치다

[19-20]

GRADE 5 CLASS RULES
• Be on time.
• No food or juice in class.
• Go to the restroom before class.
• Raise your hand for questions.
• No cheating.
• No fighting.

19. When should grade 5 students go to the restroom?

(A) before class
(B) during class
(C) after class
(D) none of above

20. Where can you see this notice?

(A) in a park
(B) in a museum
(C) in a restaurant
(D) in a classroom

5학년 학급 규칙

시간을 잘 지킨다.
교실에서 음식을 먹거나 주스를 마시지 않는다.
수업 전에 화장실에 간다.
질문을 할 때에는 손을 든다.
부정행위를 하지 않는다.
싸우지 않는다.

19. 5학년 학생들은 화장실에 언제 가야하나요?

(A) 수업 전에
(B) 수업 중에
(C) 수업 후에
(D) 해당사항 없음

20. 어디에서 이 표지판을 볼 수 있나요?

(A) 공원에서
(B) 박물관에서
(C) 식당에서
(D) 교실에서

풀이 학급 규칙에서 화장실은 수업 전에 가야 한다고 나와있으므로 19번의 정답은 (A)다. 학급 규칙에 관한 내용으로 이 표지판을 가장 많이 볼 수 있는 장소는 교실이므로 20번의 정답은 (D)다.

Words and Phrases be on time 시간을 잘 지키다, 늦지 말아라(지각하지 말아라) restroom (공공장소의) 화장실 raise 들어올리다, 일으키다, 키우다 question 질문, 문제; 질문하다 cheat 속이다, 부정행위를 하다; 속임수 notice 주목, 공고문, 표지판, 안내문 통지서; …을 의식하다, 관심을 기울이다 museum 박물관, 미술관

Part D. General Reading and Retelling (p.79)

[21-22]

Beijing is China's capital city. It has many famous dishes, like Beijing duck, dumplings, and Zhajiang noodles. A lot of people eat these dishes when they visit. Another famous thing in Beijing is the Great Wall of China. Visitors can walk on it, take photos, and buy gifts.

21. What do people NOT do at the Great Wall?

(A) buy gifts
(B) feed ducks
(C) take pictures
(D) walk on the wall

22. What food is famous in Beijing?

(A) roasted duck
(B) spaghetti
(C) French fries
(D) fried chicken

해석

> 베이징은 중국의 수도다. 거기에는 북경오리, 만두, 자장면과 같은 유명한 음식이 많다. 많은 사람들은 방문하면 그 음식들을 먹는다. 다른 유명한 장소는 만리장성이다. 방문객들은 (거기에서) 걷거나, 사진을 찍거나, 선물을 살 수 있다.

21. 만리장성에서 사람들이 하지 않는 것은 무엇인가요?
    (A) 선물 사기
    (B) 오리에게 먹이주기
    (C) 사진 찍기
    (D) 장벽 걷기

22. 베이징의 유명한 음식은 무엇인가요?
    (A) 구운 오리
    (B) 스파게티
    (C) 감자튀김
    (D) 닭튀김

풀이 사람들은 만리장성에서 기념품을 사고 사진도 찍고 걷기는 하지만 오리에게 먹이를 먹이를 준다는 내용은 없으므로 21번의 정답은 (B)다. 베이징의 유명한 요리는 오리이므로 22번의 답은 (A)다.

Words and Phrases Beijing 베이징, 북경 (중국의 수도) capital 수도; 자본의, 기본의; 자본금, 자금 dish 접시, 설거지(그릇들), (식사의 일부) 요리 dumpling 만두 noodle 국수 another 또 하나(의), 더, 또; 다른, 다른 사람 feed (fed의 현재형) 밥(우유)을 먹이다, 먹이를 주다 roasted 구운 spaghetti 스파게티 fried 기름에 튀긴

[23-24]

> Summer is my favorite season. Every summer, my family goes to the beach. The beach is very hot. We make sand castles and swim in the ocean. I love swimming. After swimming, I like to eat chocolate ice cream and then nap on the beach.

23. What is the writer's favorite season?
    (A) spring
    (B) summer
    (C) fall
    (D) winter

24. What does the writer NOT do at the beach?
    (A) make sand castles
    (B) swim in the ocean
    (C) eat chocolate ice cream
    (D) sleep inside a tent

해석

> 여름은 내가 가장 좋아하는 계절이다. 매해 여름, 우리가족은 바닷가에 간다. 바닷가는 매우 덥다. 우리는 모래성을 만들 수 있고 바다에서 수영도 할 수 있다. 나는 수영을 좋아한다. 수영을 한 후 나는 초콜릿 아이스크림을 먹고 해변에서 낮잠을 자는 것을 좋아한다.

23. 글쓴이가 가장 좋아하는 계절은 무엇인가요?
    (A) 봄
    (B) 여름
    (C) 가을
    (D) 겨울

24. 글쓴이가 바닷가에서 하지 않는 것은 무엇인가요?
    (A) 모래성 만들기
    (B) 바다에서 수영하기
    (C) 초콜릿 아이스크림 먹기
    (D) 텐트 안에서 자기

풀이 여름을 가장 좋아하는 계절이라고 했으므로 23번의 정답은 (B)다. 글쓴이는 모래성을 만들고, 바다에서 수영을 하고 초콜릿 아이스크림을 먹지만 텐트 안에서 잠을 잔다고 하지는 않으므로 24번의 정답은 (D)다.

Words and Phrases sand castle 모래성 ocean 대양, 바다 nap (특히 낮에) 잠깐 잠. 낮잠; 낮잠을 자다

[25-26]

> Today is my favorite day at school. It is Sports Day! On Sports Day, we eat snacks and play games all day. We also have a race and play tug-of-war. Sometimes, the teachers play with us! At the end of the day we have a party outside with cakes and cookies.

25. What is the passage about?
    (A) Someone's birthday
    (B) Sports Day
    (C) Teacher's Day
    (D) Children's Day

26. What will they do after playing tug-of-war?
    (A) race
    (B) play
    (C) study
    (D) have a party

해석

> 오늘은 내가 학교에서 가장 좋아하는 날이다. 운동회 날이다! 운동회 날에는 우리는 간식을 먹고 하루 종일 게임을 한다. 우리는 또한 달리기 시합을 하고 줄다리기도 한다. 가끔 선생님들도 우리와 함께 한다! 마지막에는, 우리는 모두 밖에서 케이크와 쿠키를 먹으며 파티를 한다.

25. 이 글은 무엇에 관한 내용인가요?
    (A) 누군가의 생일
    (B) 운동회 날
    (C) 스승의 날
    (D) 어린이 날

26. 학생들은 줄다리기가 끝나고 난 후 무엇을 하나요?
    (A) 달리기 시합
    (B) 놀이
    (C) 공부
    (D) 파티

풀이 이 글은 학교 운동회에 관한 내용이므로 25번의 답은 (B)다. 줄다리기가 끝난 후 밖에서 아이스크림과 쿠키를 먹으며 파티를 한다고 했으므로 26번의 답은 (D)다.

Words and Phrases Sports Day 운동회 날 race 경주, 달리기 (시합), 경

쟁; 경쟁하다 tug of war 줄다리기 outside 겉(면), 바깥쪽, 밖; 바깥쪽의, 외부의; 밖에, 밖으로 passage 통로, 복도, 길, 글 Teacher's Day 스승의 날 Children's Day 어린이 날

[27-28]

Alice is going to the park today. She is going to meet with her friend Julie. They are going to fly their kites and ride their bicycles. They will then go to Julie's house. Julie's mom is making dinner for them. Alice thinks today will be a fun day.

27. Where is Alice going today?
(A) zoo
(B) park
(C) store
(D) library

28. What is Alice going to do at Julie's house?
(A) make dinner with Julie
(B) eat dinner with Julie
(C) ride bikes with Julie
(D) ride a bus with Julie

해석

Alice는 오늘 공원에 갈 것이다. 그녀는 그녀의 친구 Julie와 함께 만날 것이다. 그들은 연을 날리고 자전거를 탈 것이다. 그리고 그들은 Julie네 집에 갈 것이다. 그녀의 엄마는 그들을 위해 저녁을 만들고 있다. Alice는 오늘 즐거운 날이 될 거라고 생각한다.

27. Alice는 오늘 어디에 가나요?
(A) 동물원
(B) 공원
(C) 가게
(D) 도서관

28. Alice는 Julie네 집에서 무엇을 할 것인가요?
(A) Julie와 저녁 만들기
(B) Julie와 저녁 먹기
(C) Julie와 자전거 타기
(D) Julie와 버스 타기

풀이 Alice는 오늘 공원에 간다고 했으므로 27번의 답은 (B)다. Julie의 엄마가 Alice와 Julie를 위해 저녁을 만든다고 했으므로 Alice가 Julie네 집에서 저녁을 먹을 것으로 유추할 수 있으므로 28번의 답은 (B)다.

Words and Phrases store 백화점, 가게(상점); 저장(보관)하다

[29-30]

Halloween is celebrated on October 31st every year. It started in Ireland and now it is celebrated in many other countries such as the United States, Canada and England. There are big Halloween parties on this holiday. People dress up like witches and ghosts. Boys and girls usually go out with their friends and visit different houses. They shout "trick or treat!" to get candy apples and other sweets.

29. Where did Halloween first begin?
(A) Ireland
(B) Canada
(C) England
(D) America

30. According to passage, which does not happen on Halloween?
(A) dressing up
(B) going to parades
(C) having big parties
(D) eating candy apples

해석

Halloween은 매년 10월 31일에 기념된다. Halloween은 아일랜드에서 시작했고 그 후 미국, 캐나다, 영국과 같이 다른 나라에서도 기념되게 되었다. 이 특별한 날에는 규모가 큰 Halloween 파티가 열린다. 사람들은 마녀와 귀신 같은 복장으로 분장한다. 소년, 소녀들은 주로 친구들과 밖으로 나가 다른 집들을 방문한다. 그들은 "trick or treat"라고 외치고 캔디 애플과 다른 사탕들을 받는다.

29. Halloween은 어디서 처음으로 시작했나요?
(A) 아일랜드
(B) 캐나다
(C) 영국
(D) 미국

30. 본문에 의하면, 다음 중 Halloween 에 일어나지 않는 것은 무엇인가요?
(A) 변장하기
(B) 행진하기
(C) 큰 파티를 열기
(D) 캔디애플 먹기

풀이 Halloween을 처음 시작한 나라는 아일랜드라고 나와 있으므로 29번의 답은 (A)다. Halloween에 아이들은 분장도 하고 파티도 하고 캔디애플과 사탕도 먹지만 행진을 한다는 내용은 없으므로 30번의 답은 (B)다.

Words and Phrases celebrate 기념하다, 축하하다 Ireland 아일랜드 United States 아메리카(미주), 미국, 미국인 Canada 캐나다 England 영국 dress up 옷을(갖춰) 입다, 변장을 하다(시키다) witch 마녀 ghost 유령, 귀신 trick or treat 과자를 안 주면 장난칠 거예요(Halloween때 아이들이 집집마다 다니며 하는 말) candy apple 캔디 애플 (막대기에 꽂은 사과에 캐러멜이나 시럽을 입힌 것) parade 행렬, 퍼레이드, 행진; 행진하다, 걸어 다니다 sweet 달콤한, 듣기 좋은, 상냥한; 단 것 (사탕 및 초콜릿 류), 디저트

TOSEL BASIC

실전 4회

Section I Listening and Speaking

1 **(A)**	2 **(B)**	3 **(D)**	4 **(A)**	5 **(C)**
6 **(C)**	7 **(A)**	8 **(A)**	9 **(D)**	10 **(B)**
11 **(C)**	12 **(C)**	13 **(B)**	14 **(A)**	15 **(A)**
16 **(B)**	17 **(C)**	18 **(C)**	19 **(D)**	20 **(A)**
21 **(C)**	22 **(C)**	23 **(C)**	24 **(C)**	25 **(D)**
26 **(C)**	27 **(B)**	28 **(D)**	29 **(A)**	30 **(D)**

Section II Reading and Writing

1 **(A)**	2 **(C)**	3 **(B)**	4 **(B)**	5 **(C)**
6 **(C)**	7 **(C)**	8 **(B)**	9 **(A)**	10 **(C)**
11 **(C)**	12 **(B)**	13 **(C)**	14 **(A)**	15 **(D)**
16 **(B)**	17 **(C)**	18 **(C)**	19 **(C)**	20 **(C)**
21 **(C)**	22 **(B)**	23 **(B)**	24 **(C)**	25 **(D)**
26 **(B)**	27 **(D)**	28 **(A)**	29 **(B)**	30 **(B)**

SECTION I   LISTENING AND SPEAKING

Part A. Listen and Recognize (p.86)

1. B: The girl is holding three green balls.
  (A)
해석 소년: 소녀는 초록색 공 3개를 들고 있다.
풀이 초록색 테니스 공 3개가 있는 그림 (A)가 정답이다.

2. G: It is cloudy and windy today.
  (B)
해석 소녀: 오늘은 흐리고 바람이 분다.
풀이 흐리고 바람이 부는 그림 (B)가 정답이다.
Words and Phrases cloudy 흐린, 구름이 잔뜩 낀 windy 바람이 부는

3. B: The boy is eating spaghetti.
  (D)
해석 소년: 소년은 스파게티를 먹고 있다.
풀이 소년이 스파게티를 먹는 그림 (D)가 정답이다.
Words and Phrases spaghetti 스파게티

4. G: There is a computer on the desk.
  (A)
해석 소녀: 책상 위에 컴퓨터가 있다.
풀이 컴퓨터가 책상 위에 있는 그림 (A)가 정답이다.

5. B: They are flying kites and having a lot of fun.
  (C)
해석 소년: 그들은 연을 날리고 즐거운 시간을 보내고 있다.
풀이 소년과 소녀가 연을 날리고 있는 그림 (C)가 정답이다.
Words and Phrases fly 날다, 비행하다, (비행기를) 조종하다, (연 등을) 날리다; 파리 kite 연 a lot of 많은

Part B. Listen and Respond (p.88)

6. G: How much are these all together?
  M: _____
  (A) They are all nine years old.
  (B) I think they are very cold.
  (C) Those are twenty dollars.
  (D) I think these are all very good.
해석 소녀: 이것들은 모두 얼마인가요?
  남자: _____
  (A) 그들은 모두 9살이에요.
  (B) 그것들은 매우 차갑다고 생각해요.
  (C) 20달러예요.
  (D) 그것들이 모두 매우 좋다고 생각해요.
풀이 가격을 물어보는 소녀의 질문에 20달러라고 돈의 액수로 대답하는 (C)가 정답이다.
Words and Phrases all together 다 함께, 동시에

7. B: I bought this hot dog for you.
  G: _____
  (A) Thanks.
  (B) Excuse me.
  (C) Congratulations!
  (D) Lunch time!
해석 소년: 너에게 주려고 이 핫도그를 샀어.
  소녀: _____
  (A) 고마워.
  (B) 실례합니다.
  (C) 축하해!
  (D) 점심 시간이다!
풀이 소녀를 위해 핫도그를 산 소년에게 고맙다고 말하는 (A)가 정답이다.
Words and Phrases buy (bought의 현재형) 사다, 구매하다 excuse me 실례합니다, 미안합니다 congratulations 축하합니다 lunch time 점심 시간

8. G: I won a prize in the contest.
  B: _____
  (A) That's good news.
  (B) I want a gold medal.
  (C) I'll do my best.
  (D) I hope not.
해석 소녀: 나 대회에서 상을 탔어.
  소년: _____

(A) 정말 잘됐다.

(B) 나는 금메달을 원해.

(C) 최선을 다할게.

(D) 그렇지 않기를 바래.

풀이 대회에서 상을 타서 기뻐하는 소녀에게 잘됐다면서 호응해주는 (A)가 정답이다.

Words and Phrases win (won의 현재형) 이기다; 승리 prize 상, 상품, 경품 contest 대회, 시합 that's good news (…에게)좋은 소식이다, 잘 됐다 do one's best 최선을 다하다

9. B: Was he listening to music in his room?

G: _____

(A) Yes, he has music class on Mondays.

(B) Yes, he is playing soccer now.

(C) No, he doesn't like music.

(D) No, he was studying.

해석 소년: 그가 방에서 음악을 듣고 있었니?

소녀: _____

(A) 응, 그는 월요일마다 음악 수업을 들어.

(B) 응, 그는 지금 축구를 하고 있어.

(C) 아니, 그는 음악을 좋아하지 않아.

(D) 아니, 그는 공부하고 있었어.

풀이 그가 방에서 음악을 듣고 있었는지 묻고 있는 소년의 질문에 아니라며 그는 공부하고 있었다고 대답하는 것이 가장 적절하므로 (D)가 정답이다.

10. G: Whose bag is this?

B: _____

(A) It's a nice bag.

(B) It's mine.

(C) It's so small.

(D) It's under the bed.

해석 소녀: 이 가방은 누구의 것이니?

소년: _____

(A) 좋은 가방이야.

(B) 나의 것이야.

(C) 매우 작아.

(D) 침대 밑에 있어.

풀이 누구의 가방인지 묻는 질문이므로 소유대명사로 대답한 (B)가 정답이다.

Part C. Listen and Retell (p.89)

11. B: I want some crackers.

G: They are in the kitchen. Why don't you get some?

Q: Where are the crackers?

(C)

해석 소년: 크래커가 먹고 싶어.

소녀: 부엌에 있어. 좀 먹는 게 어때?

질문: 크래커는 어디에 있나요?

풀이 과자가 부엌에 있다고 했으므로 정답은 (C)다.

Words and Phrases cracker 크래커, 과자 kitchen 부엌, 주방

12. G: Is there a museum near here?

B: I saw it around the corner.

Q: What building are they talking about?

(C)

해석 소녀: 근처에 박물관이 있나요?

소년: 모퉁이 근처에 있는 것을 봤어요.

질문: 그들은 어떤 빌딩에 관하여 대화하고 있나요?

풀이 근처에 박물관이 있는지 묻는 소녀의 질문에 모퉁이 가까이에 있는 것을 보았다고 소년이 대답했으므로 박물관 그림 (C)가 정답이다.

Words and Phrases museum 박물관, 미술관 near here 이(저) 근처에, 이 부근에 around the corner 아주 가까운, 길모퉁이 돈 곳에 building 건물, 건축

13. B: My hobby is drawing.

G: Wow! Can you draw comic book characters?

Q: What does the boy like to do?

(B)

해석 소년: 내 취미는 그림 그리기야.

소녀: 우와! 너는 만화책 주인공을 그릴 수 있니?

질문: 소년은 무엇을 하는 것을 좋아하나요?

풀이 소년의 취미가 그림 그리기라고 했으므로 정답은 (B)다.

Words and Phrases hobby 취미 comic book 만화책, 만화 잡지 draw ~을 그리다

14. G: I saw your dad at that school.

B: He works at that school. He teaches science.

Q: What does the boy's dad do?

(A) teacher

(B) pilot

(C) fire fighter

(D) police officer

해석 소녀: 나는 그 학교에서 너희 아빠를 봤어.

소년: 그는 그 학교에서 일하셔. 과학을 가르치셔.

질문: 소년의 아빠는 무엇을 하나요?

(A) 선생님

(B) 비행기 조종사

(C) 소방관

(D) 경찰관

풀이 소년이 아빠가 학교에서 과학을 가르친다고 했으므로 선생님이라고 유추할 수 있으므로 정답은 (A)다.

Words and Phrases pilot 조종사, 비행사 fire fighter 소방수, 소방관 police officer 경찰관

15. B: I like summer. How about you?

G: I like spring better because there are lots of flowers growing.

Q: What season does the girl like?

(A) spring

(B) summer

(C) autumn

(D) winter

해석 소년: 난 여름을 좋아해. 너는 어때?

소녀: 많은 꽃들이 자라기 때문에 나는 봄이 더 좋아.

질문: 소녀가 좋아하는 계절은 언제인가요?

(A) 봄

(B) 여름

(C) 가을

(D) 겨울

풀이 여름을 좋아하는 소년이 소녀는 어떤지 물어보는 질문에 많은 꽃들이 자라나는 봄을 더 좋아한다고 대답했으므로 정답은 (A)다.

16. G: How is your mom today?

B: She was sick yesterday but she is getting better.

Q: Who are they talking about?

(A) the boy's dad

(B) the boy's mom

(C) the girl's mom

(D) the girl's dad

해석 소녀: 너희 엄마는 오늘 어떠시니?

소년: 엄마는 어제 아프셨지만 점점 좋아지고 계셔.

질문: 누구에 관해서 말하고 있나요?

(A) 소년의 아빠

(B) 소년의 엄마

(C) 소녀의 엄마

(D) 소녀의 아빠

풀이 소년의 엄마의 건강이 어떤지 물어보는 소녀의 질문에 소년이 엄마가 어제 편찮으셨으나 점점 좋아지고 있다고 대답했으므로 정답은 (B)다.

Words and Phrases get better (병·상황 따위가) 좋아지다, 호전되다, 회복되다

17. B: Can I borrow your bike for a minute?

G: Sorry, I have to use it to go to class.

Q: Where is the girl going?

(A) bike shop

(B) home

(C) school

(D) hospital

해석 소년: 네 자전거를 잠깐 빌릴 수 있을까?

소녀: 미안해, 난 지금 그것을 이용해서 수업에 가야 해.

질문: 소녀는 어디를 가고 있나요?

(A) 자전거 가게

(B) 집

(C) 학교

(D) 병원

풀이 자전거를 빌릴 수 있는지 부탁하는 소년의 질문에 지금 자전거를 이용해서 수업에 간다고 대답했으므로 수업을 들을 수 있는 장소인 학교 (C)가 정답이다.

Words and Phrases borrow 빌리다, (돈을) 꾸다 minute (시간 단위의) 분, 잠깐 class 반, 수업 bike shop 자전거 가게

[18-19]

G: My two little brothers were jumping on the bed. One of them fell off and hit his head. Mom called the doctor and the doctor said, "Be careful. No more kids jumping on the bed!"

18. Why did the mom call the doctor?

(A) The mom fell off the bed and hurt her head.

(B) The doctor fell off the bed and hurt his head.

(C) One of the brothers fell off the bed and hurt his head.

(D) The brothers fell off the bed and hurt their heads.

19. What were the two little brothers doing?

(A) talking on the bed

(B) sitting on the bed

(C) sleeping on the bed

(D) jumping on the bed

해석 소녀: 내 두 남동생들이 침대에서 뛰고 있었다. 그들 중 한 명이 침대에서 떨어지면서 머리를 다쳤다. 어머니는 의사선생님께 연락했고, 의사선생님이 말씀하셨다. "조심하세요. 아이들은 더 이상 침대에서 뛰면 안돼요!"

18. 엄마는 의사선생님께 왜 연락했나요?

(A) 엄마가 침대에서 떨어지면서 머리를 다쳤다.

(B) 의사선생님이 침대에서 떨어지면서 머리를 다쳤다.

(C) 남동생들 중 한 명이 침대에서 떨어지면서 머리를 다쳤다

(D) 남동생들이 침대에서 떨어지면서 머리를 다쳤다

19. 두 남동생들은 무엇을 하고 있었나요?

(A) 침대에서 수다떨기

(B) 침대에 앉기

(C) 침대에서 자기

(D) 침대에서 뛰기

풀이 엄마는 동생들 중 한 명이 침대에서 떨어져서 머리를 다쳐서 의사선생님께 연락했으므로 18번의 정답은 (C)다. 두 남동생이 침대에서 뛰고 있다고 했으므로 19번의 정답은 (D)다.

Words and Phrases jump 뛰다, 점프하다 fell off (양·수가) 줄다, 떨어지다; 감소 careful 조심하는, 주의 깊은

[20-21]

B: My parents are doctors. They are always busy because they help sick people and poor neighbors. On Tuesdays and Saturdays, my parents visit a nursing home to take care of the old people there who need their help.

20. What do the boy's parents do?

(A) help sick people

(B) hide poor people

(C) take care of busy people

(D) follow old people

21. How often do the boy's parents visit the nursing home?

(A) every day

(B) once a week

(C) twice a week

(D) three times a week

해석 소년: 나의 부모님은 의사이시다. 그들은 아픈 사람들과 가난한 이웃을 돕느라 항상 바쁘시다. 화요일과 토요일마다 우리 부모님은 양로원에 가서 도움이 필요한 노인분들을 보살피신다.

20. 소년의 부모님은 무엇을 하시나요?

(A) 아픈 사람들을 돕는다

(B) 가난한 사람들을 숨긴다

(C) 바쁜 사람들을 보살핀다

(D) 노인들을 따라간다

21. 소년의 부모님은 얼마나 자주 양로원에 찾아가나요?

(A) 매일

(B) 일주일에 한 번

(C) 일주일에 두 번

(D) 일주일에 세 번

풀이 소년의 부모님이 아픈 사람들과 가난한 이웃을 돕는다고 했으므로 21번의 정답은 (A)다. 소년의 부모님들이 매주 화요일과 토요일에 양로원을 방문한다고 했으므로 21번의 정답은 (C)다.

Words and Phrases always 항상, 언제나 poor 가난한, 빈곤한 neighbor 이웃(사람), 가까이 있는 사람; 이웃하다 Tuesday 화요일 Thursday 목요일 visit 방문하다(찾아가다); 방문 nursing home 양로원, 요양소 hide 감추다, 숨다, 가리다; 은신처 take care …을 돌보다, …에 주의하다(신경을 쓰다) often 자주, 흔히, 보통 once 한 번 twice 두 번

[22-23]

G: Today is my brother Hayden's birthday. He is now ten years old. Hayden is throwing a big party with his friends. I am helping my mom make food and clean the house for the party.

22. How old is Hayden?

(A) eight

(B) nine

(C) ten

(D) eleven

23. What will the girl do for the party?

(A) buy a birthday cake

(B) give a gift to Hayden

(C) help her mom

(D) decorate the house

해석 소녀: 오늘은 내 오빠/남동생 Hayden의 생일이다. 그는 이제 10살이다. Hayden은 친구들과 큰 파티를 연다. 나는 엄마를 도와 음식을 만들고 파티를 위해 집을 청소한다.

22. Hayden은 몇 살인가요?

(A) 8

(B) 9

(C) 10

(D) 11

23. 소녀는 파티를 위해 무엇을 할 것인가요?

(A) 생일 케이크를 산다

(B) Hayden에게 선물을 준다

(C) 그녀의 엄마를 돕는다

(D) 집을 꾸민다

풀이 Hayden은 이제 10살이라고 했으므로 22번의 정답은 (C)다. 소녀는 엄마를 도와 음식을 만들고 청소를 한다고 말했으므로 23번의 정답은 (C)다.

Words and Phrases throw a party 파티를 열다 decorate 장식하다, 꾸미다

[24-25]

B: Mike plays soccer. He takes soccer lessons on Mondays and Wednesdays. It's his favorite sport because Mike loves to kick the ball and run. Mike also likes watching soccer games. Sometimes he goes to the nearby soccer stadium to watch games with his family.

24. Why does Mike like soccer?

(A) He likes famous soccer players.

(B) He likes to play outside.

(C) He loves to kick and run.

(D) He loves to go to a soccer field.

25. When does Mike have soccer lessons?

(A) on Mondays and Tuesdays

(B) on Mondays and Thursdays

(C) on Wednesdays and Thursdays

(D) on Mondays and Wednesdays

해석 소년: Mike는 축구를 한다. 그는 월요일과 수요일에 축구 수업을 한다. Mike는 공을 차고 달리는 것을 좋아해서 축구가 가장 좋아하는 스포츠이다. Mike는 축구 경기 보는 것도 좋아한다. 그는 때때로 그의 가족과 가까운 곳에 있는 축구 경기장에 가서 경기를 본다.

24. 왜 Mike는 축구를 좋아하나요?

(A) 그는 유명한 축구 선수를 좋아한다.

(B) 그는 밖에서 노는 것을 좋아한다.

(C) 그는 공을 차고 달리는 것을 좋아한다.

(D) 그는 축구 경기장에 가는 것을 좋아한다.

25. Mike는 언제 축구 수업을 하나요?

(A) 월요일과 화요일마다

(B) 월요일과 목요일마다

(C) 수요일과 목요일마다

(D) 월요일과 수요일마다

풀이 Mike는 공을 차고 달리는 것을 좋아하기 때문에 축구를 좋아한다고 했으므로 24번의 정답은 (C)다. 월요일과 수요일마다 축구 수업을 한다고 했으므로 25번의 정답은 (D)다.

Words and Phrases sometimes 때때로, 가끔 near by 가까운 곳의; 가까운 곳에 stadium 경기장, 스타디움

Part D. Listen and Speak (p.93)

26. G: I like your shirt.

B: Thanks.

G: Where did you get it?

B: _____

(A) It has many different colors.

(B) It's ten dollars.

(C) My uncle bought it for me.

(D) My mom's shirt is cheaper than mine.

해석 소녀: 네 셔츠 마음에 들어.

소년: 고마워.

소녀: 어디서 구했어?

소년: _____

(A) 다양한 색상이 있어.

(B) 10달러야.

(C) 삼촌이 사줬어.

(D) 우리 엄마 셔츠가 내 것보다 더 저렴해.

풀이 소년의 셔츠가 마음에 드는 소녀가 소년에게 셔츠를 어디서 구했는지 물어보았으므로 구하게 된 경로를 설명하고 있는 (C)가 정답이다.

Words and Phrases buy (bought의 현재형) 사다, 구매하다 cheap (값이) 싼, 돈이 적게 드는 mine 나의 것

27. B: What did you do last night?

G: I studied all night for a test.

B: What did you study?

G: _____

(A) I studied for two hours.

(B) I studied English.

(C) I don't like studying.

(D) I like math very much.

해석 소년: 어제 밤에 뭐했어?

소녀: 시험이 있어서 밤새 공부했어.

소년: 어떤 것을 공부했니?

소녀: _____

(A) 2시간동안 공부했어.

(B) 영어를 공부했어.

(C) 공부를 좋아하지 않아.

(D) 수학을 매우 좋아해.

풀이 소년이 마지막에 어떤 과목을 공부했는지 물어보았으므로 영어라고 대답한 (B)가 정답이다.

Words and Phrases all night 밤새 동안, 밤새도록, 하룻밤 내내

28. G: Where is your house?

B: It's on Elm Street.

G: Is that next to the community center?

B: _____

(A) Sure, it's behind Elm Street.

(B) Well, the new building is over there.

(C) Yes, the center has programs for all ages.

(D) No, it's next to the bakery.

해석 소녀: 너희 집은 어디에 있니?

소년: Elm 거리에 있어.

소녀: 시민회관 옆에 있니?

소년: _____

(A) 물론. Elm거리 뒤야.

(B) 음, 새로운 빌딩은 저기에 있어.

(C) 응, 시민회관은 모든 연령대를 위한 프로그램을 가지고 있어.

(D) 아니, 빵집 옆이야.

풀이 Elm 거리에 살고 있는 소년에게 Elm 거리가 문화센터 옆에 있는지 물어보므로 정확히 Elm 거리가 어디에 있는지 설명해주는 (D)가 정답이다.

Words and Phrases community center 시민 문화 회관, (지역) 복지관 over there 저쪽에, 저기에서(는) all ages 전 연령층, 모든 연령층 bakery 빵집, 제과점

29. B: Your phone is ringing.

G: I can't find it!

B: It's on the sofa.

G: _____

(A) Thanks. I'll get it.

(B) I think it's ringing.

(C) It's a great phone.

(D) There's no answer.

해석 소년: 네 전화가 울리고 있어

소녀: 못 찾겠어!

소년: 소파 위에 있어.

소녀: _____

(A) 고마워. 내가 받을게.

(B) 내 생각에는 울리고 있는 것 같아.

(C) 좋은 전화기네.

(D) 답이 없어.

풀이 전화가 울리고 있는 상황에서 소년이 전화기를 찾지 못하는 소녀에게 전화의 위치를 알려주고 있는 상황이므로 고맙다고 표현하고 전화를 받겠다는 대답한 (A)가 정답이다.

Words and Phrases ring 전화하다, 전화를 걸다; 벨 소리, 종소리; 반지

30. G: The weather is great today!

B: It's not for me.

G: What's wrong?

B: _____

(A) I'm afraid that I was wrong.

(B) I bought a new backpack.

(C) I like today's fresh weather.

(D) I have too much homework to do.

해석 소녀: 오늘 날씨가 매우 좋다.

소년: 나한테는 아니야.

소녀: 무슨 안 좋은 일이 있니?

소년: _____

(A) 내가 틀렸던 것 같아 걱정이야.

(B) 나는 새 가방을 샀어.

(C) 나는 오늘 상쾌한 날씨가 좋아.

(D) 해야 할 숙제가 너무 많아.

풀이 날씨가 좋은데도 기분이 좋지 않은 소년에게 소녀가 그 이유를 묻고 있으므로 숙제가 많아 기분이 좋지 않다는 (D)가 정답이다.

Words and Phrases wrong 틀린, 잘못된 be afraid 걱정하여, 근심하여, …라 생각하여(미안하지만) backpack 배낭, 가방 ; 배낭을 지고 걷다 fresh 신선한, 새로운, 상쾌한, 생기 넘치는

SECTION II READING AND WRITING

Part A. Sentence Completion (p.96)

1. A: Are you reading _____?

B: Yes, it's a good story.

(A) a book

(B) a books

(C) an book

(D) an books

해석 A: 너는 책을 읽고 있니?

B: 응, 그건 좋은 이야기야.

(A) 책 (한 권)

(B) 틀린 표현

(C) 틀린 표현

(D) 틀린 표현

풀이 단수형 명사 'book'에 적절한 관사 'a'를 사용한 (A)가 정답이다. 복수형 명사에는 관사 'a'나 'an'이 쓰일 수 없으므로 (B)와 (D)는 정답일 수 없다.

2. A: Can I wear your scarf for the party?

B: I'm sorry, _____ I'm going to wear it.

(A) or

(B) so

(C) but

(D) and

해석 A: 파티에 내가 네 스카프를 해도 되니?

B: 미안해, 하지만 내가 두르려고 해.

(A) 또는

(B) 그래서

(C) 하지만

(D) 그리고

풀이 파티에 B의 스카프를 할 수 있는지 묻는 A에게 B가 미안하지만 자신이 두르겠다고 하는 것이 적절하므로 (C)가 정답이다.

Words and Phrases scarf 스카프, 목도리

3. A: I'm sorry I _____ your glasses yesterday.

B: It's okay. It doesn't matter.

(A) break

(B) broke

(C) breaked

(D) will break

해석 A: 어제 너의 안경을 부러뜨려서 미안해.

B: 괜찮아. 상관 없어.

(A) 부러뜨리다 (현재형)

(B) 부러뜨렸다 (과거형)

(C) 틀린 표현

(D) 부러뜨릴 것이다 (미래형)

풀이 어제 안경을 부러뜨린 것을 표현하는 문장으로 과거형 동사가 쓰이는 것이 적절하므로 (B)가 정답이다.

Words and Phrases glasses 안경 break 깨지다, 깨다, 부러뜨리다 (break–broke–broken)

4. A: Can we have pizza for lunch?

B: Sure, we _____.

(A) am

(B) can

(C) will

(D) have

해석 A: 점심으로 우리 피자 먹을래?

B: 물론이지, 좋아.

(A) be동사 1인칭 단수

(B) 조동사 can

(C) 조동사 will

(D) 일반동사 have

풀이 A가 Can 의문문으로 피자를 먹자고 제안했으므로 can으로 대답하는 (B)가 정답이다.

5. A: _____ did you go to the hospital?

B: Last week.

(A) Why

(B) How

(C) When

(D) What

해석 A: 병원에 언제 다녀왔니?

B: 지난 주에.

(A) 왜

(B) 어떻게

(C) 언제

(D) 무엇

풀이 B는 시기에 대해 말하고 있으므로 빈칸에는 '언제'를 물어보는 (C)가 정답이다.

Part B. Situational Writing (p.97)

6. It's time _____.

(A) to go to school

(B) to go home

(C) for a party

(D) for graduation

해석 파티 할 시간이다.

(A) 학교에 갈

(B) 집에 갈

(C) 파티 할

(D) 졸업 할

풀이 그림에 소년이 고깔 모자를 쓰고 풍선을 들고 있는 것으로 보아 파티를 하는 것을 알 수 있으므로 (C)가 정답이다.

Words and Phrases it's time for …할 시간이다 graduation 졸업, 졸업식

7. It has _____.

(A) three eyes

(B) a strange nose

(C) a big mouth

(D) big fingers

해석 이것은 큰 입을 가지고 있다.

(A) 눈 3개

(B) 이상한 코

(C) 큰 입

(D) 큰 손가락

풀이 괴물이 큰 입을 가지고 있으므로 정답은 (C)다.

Words and Phrases strange 이상한, 낯선

8. They love _____.
   (A) cheese
   (B) pancakes
   (C) strawberries
   (D) yogurt

해석 그들은 팬케이크를 매우 좋아한다.
   (A) 치즈
   (B) 팬케이크
   (C) 딸기
   (D) 요구르트

풀이 소년과 소녀이 식탁에 앉아 팬케이크를 맛있게 먹고 있으므로 정답은 (B)다.

Words and Phrases cheese 치즈 pancake 팬케이크 (밀가루, 달걀, 우유를 섞어 부침개처럼 얇게 지진 것) yogurt 요구르트

9. There is a dog _____ the house.
   (A) in front of
   (B) behind
   (C) under
   (D) over

해석 집 앞에 개가 있다.
   (A) 앞에
   (B) 뒤에
   (C) 아래에
   (D) 위에

풀이 집 앞에 개가 한 마리 있으므로 (A)가 정답이다.

Words and Phrases in front of …앞에 (앞쪽에) under …아래에 behind …뒤에 next to … 옆에, … 다음에

10. The boy is _____.
   (A) studying math
   (B) playing games
   (C) reading a book
   (D) sleeping on the sofa

해석 남자는 책을 읽고 있다.
   (A) 수학 공부를 하고
   (B) 게임을 하고
   (C) 책을 읽고
   (D) 소파에서 자고

풀이 남자가 책을 읽고 있으므로 정답은 (C)다.

Words and Phrases math 수학, 계산

Part C. Practical Reading and Retelling (p.99)

[11-12]

Mr. Cheese's USB Memory SALE!!

	BEFORE	NOW
1GB	$20	$10
2GB	$30	$15
4GB	$50	$20

From Friday, August 1st to Sunday, August 10th

11. How much was a 2GB USB memory before?
   (A) $15
   (B) $20
   (C) $30
   (D) $50

12. When will the sale end?
   (A) August 1st
   (B) August 10th
   (C) August 15th
   (D) August 16th

해석

Cheese씨네 USB메모리 세일!		
	과거	지금
1GB	$20	$10
2GB	$30	$15
4GB	$50	$20

8월 1일 금요일부터 8월 10일 일요일까지

11. 2GB USB는 전에 얼마였나요?
   (A) $15
   (B) $20
   (C) $30
   (D) $50

12. 세일은 언제 끝나요?
   (A) 8월 1일
   (B) 8월 10일
   (C) 8월 15일
   (D) 8월 16일

풀이 2GB USB는 과거에 30달러였으므로 11번의 정답은 (C)다. 세일은 8월 10일 일요일에 끝난다고 했으므로 12번의 정답은 (B)다.

Words and Phrases how much 얼마

[13-14]

Students' Favorite Colors

| black (20%) | red (30%) | blue (25%) | yellow (25%) |

0 10 20 30 40 50 60 70 80 90 100

13. What percent of students like yellow and blue?

(A) 25%

(B) 30%

(C) 50%

(D) 55%

14. Which color is the least popular?

(A) black

(B) red

(C) blue

(D) yellow

해석

학생들의 가장 좋아하는 색깔
검정 20%   빨강 30%   파랑 25%   노랑 25%

13. 몇 퍼센트의 학생이 노랑과 파랑을 좋아하나요?

(A) 25%

(B) 30%

(C) 50%

(D) 55%

14. 가장 인기가 없는 색깔은 무엇인가요?

(A) 검정

(B) 빨강

(C) 파랑

(D) 노랑

풀이 표에서 노랑을 좋아하는 학생이 25%로, 파랑을 좋아하는 학생이 25%로 나타나 있으므로, 노랑과 파랑을 좋아하는 학생의 퍼센트는 50%이다. 따라서 13번의 답은 (C)이다. 검정을 좋아하는 학생이 20%로 가장 적으므로 14번의 답은 (D)이다.

[15-16]

MAIN DISHES	
Kids' Meatballs	$ 8.00
Kids' Spaghetti	$ 8.00
BBQ RIBs	$ 5.45
Kids' 8" Pizza	$ 6.00
Cheeseburger	$ 4.45
Pancake Scrambled Egg	$ 3.95

DRINKS
Drinks $ 0.99
- Milkshake
- Juice

Open 9 AM- 3PM / MON- FRI

15. Where might you see this poster most?

(A) at the bank

(B) at a church

(C) at the hospital

(D) at a restaurant

16. How much is one cheeseburger?

(A) $ 3.95

(B) $ 4.45

(C) $ 5.45

(D) $ 6.00

해석

어린이 메뉴 신선한 음식	주 요리	
	어린이 미트볼	$ 8.00
	어린이 스파게티	$ 8.00
	바베큐 립	$ 5.45
	어린이 8인치 피자	$ 6.00
	치즈버거	$ 4.45
	팬케이크	$ 3.95
	스크램블드에그	
음료 $ 0.99		
−밀크셰이크		
−주스	운영시간 9−3/월−금	

15. 이 포스터는 주로 어디서 볼 수 있나요?

(A) 은행에서

(B) 교회에서

(C) 병원에서

(D) 식당에서

16. 치즈버거 한 개는 얼마인가요?

(A) 3.95 달러

(B) 4.45 달러

(C) 5.45 달러

(D) 6.00 달러

풀이 포스터는 어린이 메뉴 판으로 식당에서 주로 볼 수 있을 것으로 유추할 수 있으므로 15번의 답은 (D)다. 메뉴 판에서 치즈버거는 4.45달러라고 표시되어 있으므로 16번의 답은 (B)다.

Words and Phrases super 대단한, 굉장히 좋은 fresh 신선한, 새로운, 상

쾌한, 생기 넘치는 meatball 고기 완자, 미트볼 grilled 구운, 그을은, (위에서 불길이 바로 내려오고 그 아래 음식을 넣어 익힌 것) pancake 팬케이크(밀가루, 달 걀, 우유를 섞어 부침개처럼 얇게 지진 것) scrambled egg 스크램블드 에그(휘저어 부친 계란 프라이) cafeteria 카페테리아(셀프 서비스식 식당), 구내식당

[17-18]

How to use a subway ticket machine

Step 1: Choose the station you want to go to
Step 2: Push the button
Step 3: Check how much it costs
Step 4: Put money into the machine
Step 5: Wait for the ticket

17. What do you need the machine for?
(A) food
(B) tickets
(C) money
(D) buttons

18. What do you push to get tickets?
(A) ticket
(B) subway
(C) button
(D) money

해석

지하철 표 판매기를 이용하는 방법

1단계: 가고 싶은 역을 선택하기
2단계: 버튼 누르기
3단계: 요금이 얼마인지 확인하기
4단계: 판매기에 돈을 넣기
5단계: (지하철) 표 기다리기

17. 이 기계는 무엇을 위해 필요한가요?
(A) 음식
(B) 티켓
(C) 돈
(D) 버튼

18. 티켓을 받기 위해 무엇을 누르나요?
(A) 티켓
(B) 지하철
(C) 버튼
(D) 돈

풀이 제목에 지하철 표 판매기를 이용하는 방법이라고 표기되어 있으므로 17번 의 답은 (B)다. 2단계에서 버튼을 누른다고 했으므로 18번의 답은 (C)다.
Words and Phrases subway 지하철, 지하도 machine 기계, 기구 choose 선택하다, …하기를 원하다 button (옷의) 단추, (기계 의) 버튼 check 살피다, 확인하다; 확인, 점검, 조사, 억제 ,체크무늬 cost (값 · 비용이) …이다(들다); 비 용, 경비, 노력

[19-20]

Summer Camp

Green Park School will have its summer camp in July and August this year. There will be English, science, and math club in the morning and soccer, tennis, and baseball club in the afternoon. Students can join the all-day, morning only or afternoon only camps. Children from other schools will also be at summer camp this year.

For more information, call 010 0000 1234.

19. When is the summer camp?
(A) June and July
(B) June and August
(C) July and August
(D) August and September

20. What does the camp NOT teach?
(A) math
(B) science
(C) history
(D) English

해석

여름 캠프

Green Park 학교는 올 해 7,8월에 여름캠프를 가질 겁니다. 영어, 과학, 수학수업이 아침에 있고, 축구, 테니스, 야구 동아리가 오후에 있을 예정입 니다. 학생들은 하루종일 캠프에 참여할수도 있고, 아침만이나 오후만 캠 프에 참여할 수 있습니다. 올해 여름캠프에는 다른 학교에서 온 아이들도 있을 것입니다.

더 많은 정보를 원하시면, 010 0000 1234로 전화주세요.

19. 여름 캠프는 언제 있나요?
(A) 6월과 7월
(B) 6월과 8월
(C) 7월과 8월
(D) 8월과 9월

20. 캠프에서 가르치지 않는 과목은 무엇인가요?
(A) 수학
(B) 과학
(C) 역사
(D) 영어

풀이 여름 캠프는 7월과 8월에 한다고 나와있으므로 19번의 답은 (C) 다. 여름 캠프는 오전에는 영어, 과학, 수학 반이 있고, 오후에는 축구, 테니스, 야구 반이 있으나 역사반은 없으므로 20번의 답은 (C)다.
Words and Phrases information 정보

Part D. General Reading and Retelling (p.104)

[21-22]

> Kelly loves animals. Her family has five pets. They have two dogs, a rabbit, a bird, and a fish. Kelly's mom always asks her to walk the dogs. Her brother feeds the fish and the bird. Kelly's dad takes care of the rabbit.

21. How many pets does Kelly's family have?
- (A) one
- (B) two
- (C) five
- (D) six

22. Who feeds the fish?
- (A) Kelly
- (B) Kelly's brother
- (C) Kelly's mom
- (D) Kelly's dad

해석

> Kelly는 동물을 사랑한다. 그녀의 가족은 5마리의 애완동물이 있다. 그들은 개 2마리, 토끼 한 마리, 새 한 마리, 그리고 물고기 한 마리를 키운다. Kelly의 엄마는 항상 그녀에게 개를 산책시키라고 말씀하신다. 그녀의 오빠/남동생은 물고기와 새에게 먹이를 준다. Kelly의 아빠는 토끼를 돌보신다.

21. Kelly의 가족은 몇 마리의 애완동물을 키우나요?
- (A) 한 마리
- (B) 두 마리
- (C) 다섯 마리
- (D) 여섯 마리

22. 누가 물고기에게 먹이를 주나요?
- (A) Kelly
- (B) Kelly의 오빠/남동생
- (C) Kelly의 엄마
- (D) Kelly의 아빠

풀이 Kelly의 가족은 다섯 마리의 애완동물을(개 2마리, 새, 토끼, 물고기 각각 한 마리씩) 키운다고 했으므로 21번의 정답은 (C)다. Kelly의 오빠/남동생이 물고기와 새에게 먹이를 준다고 했으므로 22번의 정답은 (B)다.

Words and Phrases always 항상, 언제나 walk the dog 개를 산책시키다 feed 먹이다, 먹이를 주다 take care …을 돌보다, …에 주의하다(신경을 쓰다)

[23-24]

> Sarah lives in Canada, but she has a pen pal in Korea. Her name is Soo-bin. They write letters to each other once a month. They write about their families and their favorite hobbies. Sarah likes to ride horses. Soo-bin has a black belt in Taekwondo.

23. How often do they write letters?
- (A) once a week
- (B) once a month
- (C) every day
- (D) every year

24. What does Sarah do for a hobby?
- (A) doing Taekwondo
- (B) riding horses
- (C) playing golf
- (D) sleeping

해석

> Sarah는 캐나다에 살고 있지만, 한국에 펜팔 친구가 있다. 그녀의 이름은 수빈이다. 그들은 한 달에 한번씩 서로에게 편지를 쓴다. 그들은 가족들과 좋아하는 취미들에 관하여 (편지를)쓴다. Sarah는 말타는 것을 좋아한다. 수빈은 태권도 검은띠이다.

23. 그들은 얼마나 자주 편지를 쓰나요?
- (A) 일주일에 한 번
- (B) 한 달에 한 번
- (C) 매일
- (D) 매년

24. Sarah는 취미로 무엇을 하나요?
- (A) 태권도 하기
- (B) 말타기
- (C) 골프치기
- (D) 잠자기

풀이 그들은 한 달에 한 번씩 서로에게 편지를 쓴다고 했으므로 23번의 정답은 (B)이다. Sarah는 말타는 것을 좋아한다는 것으로 보아 Sarah의 취미는 말타기라고 유추할 수 있으므로 24번의 정답은 (B)이다.

Words and Phrases pen pal 펜팔 친구 each other 서로 서로 once 한 번 month 달, 월 hobby 취미 ride ~을 타다

[25-26]

> Today, Susan's family is going to a restaurant for dinner. Susan wants to eat chicken and rice. Her mother and father want to eat soup and sandwiches. Susan wants to have ice cream for dessert. She loves eating at restaurants.

25. Why is Susan's family going to a restaurant?
- (A) to eat dessert
- (B) to eat lunch
- (C) to eat breakfast
- (D) to eat dinner

26. What does Susan want for dessert?
- (A) chicken
- (B) ice cream
- (C) rice
- (D) sandwiches

해석

> 오늘, Susan의 가족은 저녁 식사를 위해 식당에 갈 것이다. Susan은 닭고기와 밥을 먹기를 원한다. 그녀의 아빠와 엄마는 수프와 샌드위치를 먹기 원한다. 그녀는 디저트로 아이스크림을 원한다. 그녀는 레스토랑에서 먹는 것을 아주 좋아한다.

25. Susan의 가족은 식당에 왜 갔나요?

(A) 디저트를 먹기 위해

(B) 점심을 먹기 위해

(C) 아침을 먹기 위해

(D) 저녁을 먹기 위해

26. Susan이 디저트로 원하는 것은 무엇인가요?

(A) 닭고기

(B) 아이스크림

(C) 밥

(D) 샌드위치

풀이 Susan의 가족은 저녁 식사를 (먹기) 위해 식당에 갈 것이라고 했으므로 25번의 정답은 (D)다. Susan은 저녁 식사로는 닭고기와 밥을 먹기를 원하지만, 디저트로 원하는 것은 아이스크림이라고 했으므로 26번의 정답은 (B)다.

Words and Phrases restaurant 식당, 레스토랑 dessert 디저트, 후식

[27-28]

My family and I moved to New Zealand two years ago. I was excited to live in a new country. I wanted to learn English well, too. But I was afraid of going to a new school. At first, life was a little difficult. But over time, I made some good friends. Now I like living here.

27. What was the writer afraid of?

(A) meeting new friends

(B) moving to a new country

(C) learning a new language

(D) going to a new school

28. What was life in New Zealand like at first?

(A) difficult

(B) easy

(C) fun

(D) boring

해석

우리 가족은 2년 전에 뉴질랜드로 갔다. 나는 새로운 나라에서 살게 되어서 들떴다. 나는 또한 영어를 잘 배우고 싶었다. 그러나 나는 새로운 학교에 가는 것이 두려웠다. 처음에는 생활이 조금 힘들었다. 그러나 시간이 지나고 나는 몇몇 좋은 친구들을 사귀었다. 지금은 나는 이곳에서 사는 것이 좋다.

27. 글쓴이가 두려워했던 것은 무엇인가요?

(A) 새로운 친구를 만나는 것

(B) 새로운 나라로 이사 가는 것

(C) 새로운 언어를 배우는 것

(D) 새로운 학교에 가는 것

28. 처음에 뉴질랜드에서의 생활은 어땠나요?

(A) 힘들었다

(B) 쉬웠다

(C) 재미있었다

(D) 지루했다

풀이 글쓴이는 새로운 학교에 가는 것이 두려워했다고 했으므로 27번의 정답은 (D)다. 뉴질랜드에서의 생활이 처음에는 힘들었으나 지금은 뉴질랜드에서 사는 것이 좋다고 했으므로 28번의 정답은 (A)다.

Words and Phrases excited 신이 난, 들뜬, 흥분한 at first 처음에는 boring 재미없는, 지루한 afraid ~을 두려워하는

[29-30]

You can make many kinds of sandwiches. Some sandwiches have meat and some have vegetables. Many children like peanut butter and jam sandwiches, but my favorite is peanut butter and banana sandwiches. After eating my peanut butter and banana sandwich, I drink a big glass of milk.

29. What kind of sandwich do many children like?

(A) vegetable sandwich

(B) peanut butter and jam sandwich

(C) meat sandwich

(D) cheese sandwich

30. What does the writer drink after her favorite sandwich?

(A) water

(B) milk

(C) juice

(D) soda

해석

여러분은 여러 종류의 샌드위치를 만들 수 있다. 어떤 샌드위치에는 고기가 들어가고 또 어떤 샌드위치에는 야채가 들어간다. 많은 아이들은 땅콩버터와 잼 샌드위치를 좋아한다. 그러나 나는 땅콩버터와 바나나 샌드위치를 좋아한다. 나는 땅콩버터와 바나나 샌드위치를 먹고난 후, 큰 우유 한 잔을 마신다.

29. 많은 아이들은 어떤 종류의 샌드위치를 좋아하나요?

(A) 야채 샌드위치

(B) 땅콩버터와 잼 샌드위치

(C) 고기 샌드위치

(D) 치즈 샌드위치

30. 글쓴이는 좋아하는 샌드위치를 먹은 이후에 무엇을 마시나요?

(A) 물

(B) 우유

(C) 주스

(D) 소다

풀이 많은 아이들은 땅콩버터와 잼 샌드위치를 좋아한다고 했으므로 29번의 정답은 (B)다. 글쓴이는 땅콩버터와 바나나 샌드위치를 먹고난 후, 큰 우유 한 잔을 마신다고 했으므로 30번의 정답은 (B)이다.

Words and Phrases kind 종류; 친절한 meat (먹는 짐승의)고기 vegetable 채소, 야채 peanut 땅콩 drink ~을 마시다

TOSEL BASIC

실전 5회

Section I Listening and Speaking

1 (D)	2 (B)	3 (A)	4 (A)	5 (B)
6 (A)	7 (D)	8 (A)	9 (B)	10 (B)
11 (A)	12 (B)	13 (C)	14 (D)	15 (A)
16 (B)	17 (B)	18 (D)	19 (C)	20 (B)
21 (D)	22 (D)	23 (A)	24 (D)	25 (C)
26 (A)	27 (A)	28 (A)	29 (D)	30 (A)

Section II Reading and Writing

1 (B)	2 (C)	3 (A)	4 (A)	5 (C)
6 (B)	7 (A)	8 (D)	9 (D)	10 (A)
11 (C)	12 (D)	13 (C)	14 (B)	15 (A)
16 (D)	17 (C)	18 (A)	19 (A)	20 (C)
21 (A)	22 (A)	23 (D)	24 (A)	25 (B)
26 (D)	27 (C)	28 (D)	29 (B)	30 (A)

SECTION I LISTENING AND SPEAKING

Part A. Listen and Recognize (p.111)

1. B: Sophie is smiling now.
   (D)
해석 소년: Sophie는 지금 웃고 있다.
풀이 웃고 있는 소녀의 그림 (D)가 정답이다.
Words and Phrases smile 웃다, 미소 짓다

2. G: It's 8 o'clock in the morning.
   (B)
해석 소녀: 아침 8시다.
풀이 소녀가 아침식사를 하고 있고 시계의 작은 바늘이 숫자 8을 가리키고 있는
그림 (B)가 정답이다.
Words and Phrases morning 아침

3. B: Jordan is in the bathroom.
   (A)
해석 소년: Jordan은 화장실에 있다.
풀이 소년이 화장실에 있는 그림 (A)가 정답이다.
Words and Phrases bathroom 화장실

4. G: I live with my dad, mom, brother, and sister.
   (A)

해석 소녀: 나는 우리 아빠, 엄마, 남동생, 여동생과 산다.
풀이 5명의 가족이 있는 (A)가 정답이다.

5. B: It's very sunny.
   (B)
해석 소년: 날씨가 매우 화창하다.
풀이 햇빛이 내리쬐는 그림 (B)가 정답이다.
Words and Phrases sunny 화창한, 햇살이 (눈부시게) 내리쬐는, 맑은

Part B. Listen and Respond (p.113)

6. G: Why is your nose red?
   B: _____
   (A) I caught a cold.
   (B) I want to make a snowman.
   (C) I like snowy days.
   (D) It's getting cold.
해석 소녀: 네 코는 왜 빨갛니?
   소년: _____
   (A) 감기에 걸렸어.
   (B) 눈사람을 만들고 싶어.
   (C) 눈 오는 날을 좋아해.
   (D) 점점 추워지고 있어.
풀이 왜 소년의 코가 빨간지 물어보는 소녀의 말에 감기에 걸렸다고 이유를 설명
하는 (A)가 정답이다.

7. B: I like soccer a lot.
   G: _____
   (A) I have a soccer ball.
   (B) My stomach hurts.
   (C) My mother is happy.
   (D) I like it, too.
해석 소년: 나는 축구를 아주 좋아해.
   소녀: _____
   (A) 나는 축구공이 있어.
   (B) 배가 아파.
   (C) 나의 어머니는 행복해.
   (D) 나도 그것을 좋아해.
풀이 축구가 재미있다는 소년의 말에 나도 그것(축구)을 좋아한다는 동감을 표현
하는 (D)가 정답이다.
Words and Phrases stomach 복부, 배, 속
hurt 다치게(아프게) 하다, 아프다

8. Girl: My dog is really sick.
   Boy: _____
   (A) I'm so sorry to hear that.
   (B) I love my pet dog.
   (C) That's great to see your dog.
   (D) I am scared of it.
해석 소녀: 우리 개가 매우 아파.
   소년: _____

(A) (이것을 듣게 되어) 정말 안됐다.

(B) 나는 나의 애완견을 사랑해.

(C) 너의 개를 봐서 정말 기쁘다.

(D) 나는 그것을 무서워해.

풀이 우리 집 개가 아프다고 하는 소녀의 말에 대해 정말 안됐다면서 유감을 표현하는 (A)가 정답이다.

Words and Phrases sorry to hear that 참 안됐다, 유감이다
be scared of …을 두려워하다

9. B: What's in your bag?

G: _____

(A) My bag is old.

(B) I have books in my bag.

(C) My bag is missing.

(D) I want a new bag.

해석 소년: 네 가방에는 무엇이 있니?

소녀: _____

(A) 내 가방은 오래되었어.

(B) 내 가방에는 책들이 있어.

(C) 내 가방이 없어졌어.

(D) 새 가방을 원해.

풀이 소년이 가방에 무엇이 들었는지 묻고 있으므로 가방 안에 책들이 있다고 대답하는 (B)가 정답이다.

Words and Phrases missing 없어진, 실종된

10. G: Can you play the piano?

B: _____

(A) Yes, my music teacher is nice.

(B) No, but I can play the violin.

(C) Sure, you play the piano well.

(D) Yes, I like to play music, too.

해석 소녀: 너 피아노를 칠 수 있니?

소년: _____

(A) 응, 우리 음악 선생님은 좋으셔.

(B) 아니, 하지만 바이올린은 할 줄 알아.

(C) 당연하지, 너는 피아노를 잘 쳐.

(D) 응, 나도 음악을 하는 것을 좋아해.

풀이 피아노를 칠 수 있는지 물어보는 소녀의 질문에 피아노는 못하지만 바이올린을 할 수 있다고 대답하는 (B)가 정답이다.

Part C. Listen and Retell (p.114)

11. B: Is your mom a nurse?

G: No, she is a doctor.

Q: Who is the girl's mom?

(A)

해석 소년: 너의 엄마는 간호사니?

소녀: 아니, 의사셔.

질문: 소녀의 엄마는 누구인가요?

풀이 엄마가 간호사인지 물어보는 소년의 말에 소녀가 엄마가 의사라고 대답했으므로 정답은 (A)다.

Words and Phrases nurse 간호사 doctor 의사

12. G: I am really thirsty.

B: Do you want some water?

Q: What will the girl drink?

(B)

해석 소녀: 목이 너무 말라.

소년: 물을 좀 마실래?

질문: 소녀는 무엇을 마실 것인가요?

풀이 목이 마른 소녀에게 물을 원하는지 소년이 묻고 있는 것으로 보아 소녀가 곧 물을 마실 거라고 유추할 수 있으므로 정답은 (B)다.

Words and Phrases thirsty 목이 마른, 갈증이 나는

13. B: Can you make a snowman for me?

G: When it snows, let's make one together!

Q: What will they do together?

(C)

해석 소년: 나에게 눈사람을 만들어 줄 수 있어?

소녀: 눈이 오면 같이 만들자!

질문: 그들은 무엇을 같이 할 것인가요?

풀이 눈사람을 만들어 줄 수 있는지 물어보는 소년에게 소녀가 눈이 오면 같이 만들자고 했으므로 눈사람을 만드는 그림 (C)가 정답이다.

Words and Phrases together 함께, 같이

14. G: Where's my schoolbag?

B: It's in the living room.

Q: Where is the girl's schoolbag?

(A) in the garden

(B) in the kitchen

(C) in the bathroom

(D) in the living room

해석 소녀: 내 책가방은 어디에 있니?

소년: 거실에 있어.

질문: 소녀의 책가방은 어디에 있나요?

(A) 정원에

(B) 주방에

(C) 화장실에

(D) 거실에

풀이 책가방이 어디 있는지 묻는 소년의 질문에 소년이 거실에 있다고 대답했으므로 정답은 (D)다.

Words and Phrases schoolbag (학생의) 책가방 garden 뜰, 정원

15. B: What is this cake for?

G: It's for my mom's birthday.

Q: Who is the cake for?

(A) the girl's mom

(B) the girl's dad

(C) the girl's sister

(D) the girl's friend

해석 소년: 이 케이크는 뭐야?

소녀: 엄마 생신을 위한 거야.

질문: 케이크는 누구를 위한 것인가요?

(A) 소녀의 엄마

(B) 소녀의 아빠

(C) 소녀의 언니/여동생

(D) 소녀의 친구

풀이 케이크가 왜 있는지 물어보는 말에 엄마 생신을 위한 것이라고 대답했으므로 정답은 (A)다.

16. G: Do your fingers hurt?

B: No, my elbows hurt.

Q: Where does the boy hurt?

(A) his head

(B) his elbows

(C) his fingers

(D) his hands

해석 소녀: 손가락이 아프니?

소년: 아니, 팔꿈치가 아파.

질문: 소년은 어디가 아픈가요?

(A) (그의) 머리

(B) (그의) 팔꿈치

(C) (그의) 손가락

(D) (그의) 손

풀이 소년은 손가락이 아닌 팔꿈치가 아프다고 했으므로 정답은 (B)다.

Words and Phrases hurt 다치다, 다치게(아프게) 하다; 다친; 상처

elbow 팔꿈치

17. B: How do you spend your free time?

G: I cook with my mom.

Q: What does the girl do in her free time?

(A) ride a bike with her dad

(B) cook with her mom

(C) read a book to her sister

(D) write a letter to her friends

해석 소년: 자유 시간에는 무엇을 하면서 (시간을) 보내니?

소녀: 엄마와 함께 요리를 해.

질문: 소녀는 여가 시간에 무엇을 하나요?

(A) 아빠와 자전거 타기

(B) 엄마와 함께 요리하기

(C) 언니/여동생에게 책 읽어주기

(D) 친구에게 편지쓰기

풀이 자유 시간에 무엇을 하는지 물어보는 소년의 질문에 소녀가 엄마와 함께 요리를 한다고 했으므로 (B)가 정답이다.

Words and Phrases spend (돈을) 쓰다, (시간을)보내다; 비용, 경비

free time 자유시간 spare time 여가시간

[18-19]

G: Cats love sleeping. Cats sleep for a long time. They usually sleep after they eat. My cat Peanut sleeps more than 10 hours every day. Peanut sometimes sleeps on the sofa, but I like when he sleeps in my bed.

18. How long does Peanut sleep every day?

(A) less than 7 hours

(B) more than 7 hours

(C) less than 10 hours

(D) more than 10 hours

19. Where does Peanut sometimes sleep?

(A) the table and the tree

(B) the sofa and the tree

(C) the sofa and the bed

(D) the table and the bed

해석 소녀: 고양이들은 잠자는 것을 매우 좋아한다. 고양이들은 긴 시간 동안 잠을 잔다. 그들은 주로 먹고 난 후에 잠을 잔다. 내 고양이 Peanut도 매일 10시간 넘게 잠을 잔다. Peanut은 종종 소파에서 잠을 자지만 나는 그가 나의 침대에서 자고 있을 때가 좋다.

18. Peanut은 매일 어느 정도 자나요?

(A) 7시간 이하

(B) 7시간 이상

(C) 10시간 이하

(D) 10시간 이상

19. Peanut은 가끔 어디서 자나요?

(A) 식탁과 나무

(B) 소파와 나무

(C) 소파와 침대

(D) 식탁과 침대

풀이 Peanut은 10시간 이상을 잔다고 했으므로 20번의 정답은 (D)다. 소녀의 고양이 Peanut이 자는 곳은 소파와 침대라고 했으므로 21번의 정답은 (C)다.

Words and Phrases for a long time 오랫동안, 장기간 usually 보통, 대개 more than …보다 많이, …이상(의) sometimes 때때로, 가끔

[20-21]

B: My friends Oliver and Amelia are twins. They are very different. Oliver likes playing computer games. But Amelia likes listening to music and playing the violin. They have different tastes, too. Oliver likes all kinds of vegetables and fruit, but Amelia doesn't. She likes hot dogs and sausages.

20. What kind of food does Oliver like?

(A) ham and sausages

(B) vegetables and fruit

(C) salt and pepper

(D) fish and chips

21. What is NOT true about Amelia?

(A) She likes to listen to music.

(B) She likes to play the violin.

(C) She likes to eat sausages.

(D) She likes to eat fruit.

해석 소년: 내 친구 Oliver와 Amelia는 쌍둥이다. 그들은 매우 다르다. Oliver는 컴퓨터 게임을 하는 것을 좋아한다. 그러나 Amelia는 음악을 듣고 바이올린을 연주하는 것을 좋아한다. 그들은 또한 식성도 다르다. Oliver는 채소와 과일을 좋아하지만, Amelia는 그렇지 않다. 그녀는 핫도그와 소시지를 좋아한다.

20. Oliver는 어떤 종류의 음식을 좋아하나요?

(A) 햄과 소시지

(B) 채소와 과일

(C) 소금과 후추

(D) 생선과 감자튀김

21. Amelia에 대해 사실이 아닌 것은 무엇인가요?

(A) 그녀는 음악을 듣는 것을 좋아한다.

(B) 그녀는 바이올린을 연주 하는 것을 좋아한다.

(C) 그녀는 소시지를 먹는 것을 좋아한다.

(D) 그녀는 과일을 먹는 것을 좋아한다.

풀이 Oliver는 채소와 과일을 좋아한다고 했으므로 20번의 정답은 (B)다. Oliver 는 채소와 과일을 좋아하지만, Amelia는 그렇지 않다고 했으므로 21번의 정답은 (D)다.

Words and Phrases twins 쌍둥이 sausage 소시지 salt 소금; 소금을 넣다 (치다) pepper 후추; 후추를 치다(뿌리다) fish and chips 피시 앤 칩스 (생선 프라이와 얇게 썬 감자 튀김)

[22-23]

G: Tom's mom made a sandwich and a salad for lunch. Tom likes to put cheese on his salad. Tom loves salad. His parents like salad too, but his little sister doesn't like salad.

22. What did Tom's mom make for lunch?

(A) fish and salad

(B) pizza and salad

(C) hamburger and salad

(D) sandwich and salad

23. Who doesn't like salad?

(A) his sister

(B) his friends

(C) his mom

(D) his dad

해석 소녀: Tom의 엄마는 점심에 샌드위치와 샐러드를 만드셨다. Tom은 샐러 드에 치즈를 (넣어) 먹는 것을 좋아한다. Tom은 샐러드를 아주 좋아한다. Tom의 부모님도 샐러드를 좋아하지만 여동생은 샐러드를 좋아하지 않는 다.

22. 점심으로 Tom의 엄마가 무엇을 만들었나요?

(A) 생선과 샐러드

(B) 피자와 샐러드

(C) 햄버거와 샐러드

(D) 샌드위치와 샐러드

23. 샐러드를 좋아하지 않는 사람은 누구인가요?

(A) (그의) 여동생

(B) (그의) 친구들

(C) (그의) 엄마

(D) (그의) 아빠

풀이 Tom의 엄마는 점심으로 샌드위치와 샐러드를 만들었다고 했으므로 22번 정답은 (D)다. Tom과 그의 부모님은 샐러드를 좋아하지만 여동생은 샐러드 를 좋아하지 않는다고 했으므로 23번의 정답은 (A)다.

Words and Phrases lunch 점심 cheese 치즈 hamburger 햄버거

[24-25]

B: I wake up at 7:30 every morning. I get up and make my bed. I wash my face right after. Then, I get dressed and eat three eggs for breakfast.

24. What does the boy NOT do in the morning?

(A) make the bed

(B) get out of bed

(C) eat three eggs

(D) cook three eggs

25. How many eggs does he eat for breakfast?

(A) one

(B) two

(C) three

(D) four

해석 소년: 나는 매일 아침 7시 30분에 잠에서 깨어난다. 나는 일어나서 침대를 정리한다. 그리고 바로 나는 얼굴을 씻는다. 나는 옷을 입고 아침식사로 계 란 3개를 먹는다.

24. 소년이 아침에 하지 않는 것은 무엇인가요?

(A) 침대 정리하기

(B) 침대에서 나오기

(C) 계란 3개를 먹기

(D) 계란 3개를 요리하기

25. 소년은 아침에 계란 몇 개를 먹나요?

(A) 1

(B) 2

(C) 3

(D) 4

풀이 소년은 아침에 일어나 침대에서 나와서 침대를 정리하고 마지막에 계란을 3개를 먹는다고 했고, 계란을 요리하는지에 대해서는 알 수 없으므로 24 번의 정답은 (D)다. 소년은 아침식사로 계란 3개를 먹는다고 했으므로 25번 의 정답은 (C)다.

Words and Phrases wake up (잠에서) 깨다, 깨우다 make the bed 이불 을 개다, 잠자리를 정돈하다 wash 씻다; 세탁, 빨래 get dressed 옷을 입다 breakfast 아침(밥), 아침 식사 cook 요리하다, (밥을) 짓다; 요리사

Part D. Listen and Speak (p.118)

26. G: I like meat.

B: I don't like meat. I like vegetables.

G: What's your favorite vegetable then?

B: _____

(A) I love carrots.

(B) I don't want fruit.

(C) I don't like vegetables.

(D) I want to eat apples.

해석 소녀: 나는 고기를 좋아해.

소년: 나는 고기를 좋아하지 않아. 나는 채소를 좋아해.

소녀: 그럼 네가 가장 좋아하는 채소는 무엇이니?

소년: _____

(A) 나는 당근을 매우 좋아해.

(B) 나는 과일을 원하지 않아.

(C) 나는 채소를 좋아하지 않아.

(D) 나는 사과를 먹고 싶어.

풀이 소녀가 소년에게 가장 좋아하는 채소를 물었으므로 채소 중에 하나인 당근을 좋아한다는 대답 (A)가 정답이다.

Words and Phrases carrot 당근 vegetable 채소, 야채, 식물인간

27. M: Are you ready to order now?

W: Yes, I'll have the steak.

M: How do you want the steak?

W: _____

(A) Well-done, please.

(B) I want salad instead.

(C) I am ready to eat.

(D) I ate it already.

해석 남자: 주문하시겠습니까?

여자: 네, 스테이크로 할게요.

남자: 스테이크를 어떻게 구워드릴까요?

여자: _____

(A) 바싹 익혀주세요.

(B) 대신에 샐러드를 원해요.

(C) 먹을 준비가 되어 있어요.

(D) 그것을 벌써 먹었어요.

풀이 스테이크를 주문한 여성에게 어떻게 스테이크를 구워주기를 원하는지 요청하는 남자에게 여자가 바싹 익혀달라고 하는 대답이 가장 자연스러우므로 정답은 (A)다.

Words and Phrases ready 준비가 된, 완성된 order 명령하다, 주문하다; 순서, 질서, 주문 well-done 잘 구워진, 잘 익은; 잘하는 instead 대신에 already 이미, 벌써

28. G: What's your hobby, Dominic?

B: I like playing sports.

G: What kind of sports do you like?

B: _____

(A) I like basketball.

(B) I can play many sports.

(C) That's his hobby.

(D) That's better.

해석 소녀: Dominic, 네 취미가 뭐니?

소년: 나는 운동하는 것을 좋아해.

소녀: 어떤 종류의 운동을 좋아하니?

소년: _____

(A) 나는 농구를 좋아해.

(B) 나는 많은 운동을 할 수 있어.

(C) 그것이 그의 취미야.

(D) 그것이 더 나아.

풀이 어떤 운동을 좋아하는지 물어보는 소녀에게 농구를 좋아한다고 대답하는 (A)가 정답이다.

Words and Phrases hobby 취미 kind 종류, 유형; 친절한, 상냥한 like …와 비슷한, …처럼; 좋아하다

29. B: Who are they?

G: They are my parents.

B: Your parents seem energetic.

G: _____

(A) No, they are engineers.

(B) No, they don't have it now.

(C) Yes, they are sad now.

(D) Yes, they are very outgoing.

해석 소년: 그들은 누구니?

소녀: 나의 부모님이셔.

소년: 너의 부모님은 모두 활기 차신 것 같다.

소녀: _____

(A) 아니, 그들은 엔지니어야.

(B) 아니, 그들은 지금 갖고 있지 않아.

(C) 응, 그들은 지금 슬퍼.

(D) 응, 그들은 매우 외향적이야.

풀이 소년이 소녀에게 소녀의 부모님 모두 활기 차 보인다고 했으므로 대화가 자연스럽게 이어질 수 있게 외향적이라고 대응하는 (D)가 정답이다.

Words and Phrases parents 부모님 seem (…인…하는 것처럼) 보이다, …인(하는) 것 같다 energetic 활기에 찬, 효과적인 engineer (기계·도로·교량 등을 설계·건축하는) 기사, 엔지니어, 기술자, 수리공 outgoing 외향적인, 사교적인

30. G: Did you do your homework?

B: No, I didn't.

G: Why not?

B: _____

(A) I forgot.

(B) That's great.

(C) I love homework.

(D) That's OK.

해석 소녀: 너 숙제는 다했니?

소년: 아니.

소녀: 왜 못했어?

소년: _____

(A) 까먹었어.

(B) 잘됐다.

(C) 나는 숙제를 매우 좋아해.

(D) 괜찮아.

풀이 소녀가 소년에게 숙제를 왜 하지 않았는지 묻는 질문에 그 소년이 까먹었다고 대답하는 것이 이유로서 가장 자연스러우므로 정답은 (A)다.

Words and Phrases forget (forgot의 현재형) 잊다, 까먹다

SECTION II READING AND WRITING

Part A. Sentence Completion (p.121)

1. A: I can't understand it.

B: We should think more _____

(A) clear

(B) clearly

(C) clearer

(D) clearest

해석 A: 나는 그것을 이해할 수 없어.

B: 우리는 더욱 명확하게 생각해 봐야 해.

(A) 분명한

(B) 분명히, 명확하게

(C) 더 분명한

(D) 가장 분명한

풀이 비교급을 나타내는 부사 more 뒤에는 원형의 형용사 또는 부사가 필요하며, 문맥상 동사를 수식하는 부사가 필요하므로 (B)가 적절하다.

2. A: Does she like cats?

B: Yes, she _____.

(A) do

(B) don't

(C) does

(D) doesn't

해석 A: 그녀는 고양이를 좋아하니?

B: 응, 그녀는 좋아해.

(A) 조동사 do

(B) 조동사 do 부정

(C) 조동사 does

(D) 조동사 does 부정

풀이 Does 의문문으로 그녀가 고양이를 좋아하는지 물어, 일반동사 긍정을 3인칭 단수형으로 대답한 (C)가 정답이다.

3. A: _____ is this wet?

B: It was in the water.

(A) Why

(B) Who

(C) When

(D) Where

해석 A: 이것은 왜 젖었니?

B: 그것은 물 속에 있었어.

(A) 왜

(B) 누가

(C) 언제

(D) 어디

풀이 그것이 물 속에 있었다고 했기 때문에 대화의 흐름상 왜 젖었는지 물어보는 것이 가장 자연스러우므로 (A)가 정답이다.

Words and Phrases wet 젖은; 적시다

4. A: Where are you?

B: I'm _____ the library.

(A) at

(B) on

(C) from

(D) through

해석 A: 너는 어디에 있니?

B: 나는 도서관에 있어.

(A) ~에

(B) ~위에

(C) ~로부터

(D) ~를 통해

풀이 어디인지를 묻는 질문에 위치를 나타내는 전치사를 적절하게 쓴 (A)가 정답이다.

5. A: Jackson and I _____ baking some cookies.

B: Can I join?

(A) is

(B) am

(C) are

(D) was

해석 A: Jackson과 나는 쿠키를 좀 굽고 있어.

B: 나도 해도 돼?

(A) 3인칭 단수형

(B) 1인칭 단수형

(C) 1 · 2 · 3인칭 복수형

(D) 1 · 3인칭 단수 과거형

풀이 현재진행형을 사용한 문장이므로 Jackson과 나를 합한 복수형 주어에 맞는 be동사를 알맞게 쓴 (C)가 정답이다.

Words and Phrases bake (음식) 굽다, 구워지다 join 참여하다

Part B. Situational Writing (p.122)

6. After school, I like to_____.

(A) talk to my friends

(B) watch cartoons

(C) read books

(D) do my homework

해석 학교가 끝난 후에 나는 만화 보는 것을 좋아한다.

(A) 친구들과 수다 떠는 것

(B) 만화 보는 것

(C) 책을 읽는 것

(D) 숙제를 하는 것

풀이 그림에서 소녀가 TV앞에서 만화를 보고 있으므로 정답은 (A)다.

Words and Phrases cartoon 만화, 만화 영화

7. There is _____ the dog.

(A) a butterfly above

(B) a bee in front of

(C) a fly next to

(D) a dragonfly behind

해석 나비가 강아지 위에 있다.

(A) 나비 …위에

(B) 벌…앞에

(C) 파리 …옆에

(D) 잠자리 …뒤에

풀이 강아지 위에 나비 한 마리가 있으므로 정답은 (A)다.

Words and Phrases butterfly 나비 above …의 위(쪽)에, …보다 많은, …을 넘는 bee 벌 in front of …의 앞(쪽)에 fly 날다,

비행하다,(비행기를) 조종하다, (연 등을) 날리다; 파리
next to … 바로 옆(쪽)에, … 다음의 dragonfly 잠자리
behind …의 뒤(쪽)에

8. The boy _____ his kite.

(A) doesn't lose

(B) didn't lose

(C) lose

(D) lost

해석 소년은 그의 연을 잃어버렸다.

(A) 잃어버리지 않는다 (현재형)

(B) 잃어버리지 않았다 (과거형)

(C) 잃어버리다 (현재형)

(D) 잃어버렸다 (과거형)

풀이 소년이 날리고 있는 연 줄이 끊어지자 당황해 하고 있으므로 정답은 (D)다. (C)는 3인칭 단수형에서는 동사 뒤에 -s가 있어야 하므로 정답이 될 수 없다.

Words and Phrases kite 연 lose 잃어버리다, 잃다, 빼앗기다; 지다, 실패하다; 허비하다

9. They are at _____.

(A) school

(B) work

(C) a pajama party

(D) a birthday party

해석 그들은 생일 파티에 있다.

(A) 학교

(B) 직장

(C) 파자마 파티

(D) 생일 파티

풀이 아이들이 탁자에 케이크를 두고 한 소녀의 생일을 축하하고 있으므로 정답은 (D)다.

Words and Phrases pajama party 파자마 파티(10대 소녀들이 친구 집에 모여 파자마 바람으로 밤새워 노는 파티)

10. The boy is _____.

(A) faster than the girl

(B) slower than the girl

(C) younger than the girl

(D) older than the girl

해석 소년은 소녀보다 빠르다.

(A) 소녀보다 빠르다

(B) 소녀보다 느리다

(C) 소녀보다 나이가 어리다

(D) 소녀보다 나이가 많다

풀이 소년이 소녀보다 빨리 뛰고 있으므로 답은 (A)다. (C)와 (D)는 나이에 관한 내용으로 그림과는 상관이 없다.

Words and Phrases than …보다(비교의 대상이 되는 것을 나타냄)

Part C. Practical Reading and Retelling (p.124)

[11-12]

11. When does the festival start?

(A) October 3rd

(B) October 7th

(C) October 17th

(D) October 27th

12. What can you NOT do at the festival?

(A) get on a hay ride

(B) carve pumpkins

(C) play games

(D) collect chestnuts

해석

> 5번째 연례 가을 축제
>
> 가족과 즐거운 시간을 위해 함께하세요
>
> 토요일 10월 17일
>
> 3시부터 8시
>
> 게임, 상품, 그리고 재미있는 것들!
> 건초더미 위에 올라가서 타기 & 호박 깎기

11. 축제는 언제 시작하나요?

(A) 10월 3일

(B) 10월 7일

(C) 10월 17일

(D) 10월 27일

12. 축제에서 할 수 없는 것은 무엇인가요?

(A) 건초더미 위에 올라가서 타기

(B) 호박 깎기

(C) 게임하기

(D) 밤 모으기

풀이 포스터에서 축제는 10월 17일에 시작한다고 했으므로 11번의 정답은 (C)다. 축제에서는 건초더미 위에 올라가는 것과 호박을 깎고 게임을 할 수는 있지만 밤을 모은다는 말은 없었으므로 12번의 정답은 (D)다.

Words and Phrases annual 매년의, 연례의 festival 축제 hay ride (말·트랙터가 끄는) 건초 더미 위에 올라타고 가기 pumpkin 호박 carve 조각하다, 깎아서 만들다 get on …에 타다 collect 모으다, 수집하다 chestnut 밤나무, 밤

[13-14]

13. What does Sam do on Sundays?

(A) walk his dog

(B) ride a bike

Sam's weekly schedule

Sun	Mon	Tue	Wed	Thu	Fri	Sat
do chores	walk dog in the park	go to the library	play basketball	go to swimming lesson	ride bike in the park	take a walk in the park

(C) do chores

(D) play basketball

14. What does Sam NOT have in his schedule?

(A) go to the park

(B) go to the bank

(C) go to the library

(D) go to a swimming lesson

해석

Sam의 일주일 일정

일요일 심부름하기

월요일 공원에서 개를 산책시키기

화요일 도서관 가기

수요일 농구 하기

목요일 수영 강습 가기

금요일 공원에서 자전거 타기

토요일 공원에서 산책하기

13. Sam은 일요일에 무엇을 하나요?

(A) 개를 산책시키기

(B) 자전거 타기

(C) 심부름하기

(D) 농구 하기

14. Sam의 일정에 없는 것은 무엇인가요?

(A) 공원 가기

(B) 은행 가기

(C) 도서관 가기

(D) 수영 강습 가기

풀이 표에서 Sam은 일요일에 심부름을 한다고 나와있으므로 13번의 정답은 (C)다. (A)는 월요일, 금요일, 토요일에, (C)는 화요일에, 그리고 (D)는 목요일에 하는 일정이지만 은행에 가는 일정은 Sam의 일정에서 찾을 수 없으므로 14번의 정답은 (B)다.

Words and Phrases weekly 매주의, 주 1회의, 주간의 schedule (작업) 일정, 스케줄, (방송) 프로그램 편성표; 일정 (시간 계획)을 잡다, 예정하다 chore (정기적으로 하는) 일, 하기 싫은 일, 집안일 walk the dog 개를 산책시키다 take a walk 산책하다

[15-16]

How to cook bibimbap

Bibimbap means "mixed rice". It is a very popular Korean dish. In Bibimbap, rice is topped with beef, many different vegetables, and chili pepper paste and sesame oil.

Things you need:
steamed rice, sliced beef, vegetables,
chili pepper paste and sesame oil

Step 1: Put steamed rice in a bowl.

Step 2: Put sliced beef and vegetables on the top of the rice.

Step 3: Add chili pepper paste and sesame oil.

Step 4: Mix them together.

Step 5: Eat!

15. What do you NOT need to make Bibimbap?

(A) fish

(B) beef

(C) vegetables

(D) sesame oil

16. What is in the fourth step for Bibimbap?

(A) put steamed rice

(B) put vegetables

(C) add sesame oil

(D) mix everything

해석

비빔밥 만드는 방법

비빔밥은 "섞은 밥" 이라는 뜻이다. 비빔밥은 유명한 한국 음식이다. 비빔밥에는 밥에 소고기, 많은 다른 채소들, 고추장과 참기름을 얹는다.

필요한 것:
밥, 잘게 썬 소고기, 채소, 고추장, 참기름

1단계: 밥을 그릇에 넣는다.

2단계: 잘게 썬 소고기와 채소를 밥 위에 넣는다.

3단계: 고추장과 참기름을 더한다.

4단계: 함께 섞는다.

5단계: 먹는다!

15. 비빔밥을 만들 때 필요하지 않은 것은 무엇인가요?

(A) 생선

(B) 소고기

(C) 채소

(D) 참기름

16. 비빔밥에서 4번째 단계에서는 무엇을 해야 하나요?

(A) 쌀밥 넣기

(B) 채소 넣기

(C) 참기름 더하기

(D) 모두 섞기

풀이 생선은 비빔밥을 만들 때 필요한 재료에 있지 않으므로 15번의 정답은 (A)다. 비빔밥 요리법에서 4번째 단계에는 섞으라고 나와 있으므로 16번의 정답은 (D)다.

Words and Phrases popular 인기 있는, 대중적인, 일반적인 dish 접시, 설거지(그릇들), (식사의 일부) 요리 top 꼭대기; 꼭대기를 덮다, (표면에) 씌우다 chili pepper paste 고추장 sesame oil 참기름 delicious 아주 맛있는, 냄새가 좋은 steamed rice 찐 밥, 쌀밥

[17-18]

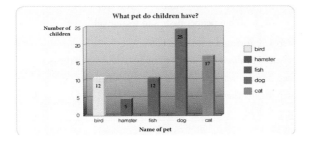

17. How many children have cats?
   (A) 5
   (B) 12
   (C) 17
   (D) 25

18. What pet do the most children have?
   (A) dogs
   (B) fish
   (C) birds
   (D) hamsters

해석

17. 고양이가 있는 어린이는 몇 명인가요?
   (A) 5
   (B) 12
   (C) 17
   (D) 25

18. 아이들이 가장 많이 가지고 있는 애완동물은 무엇인가요?
   (A) 개
   (B) 물고기
   (C) 새
   (D) 햄스터

풀이 고양이가 있는 그래프에 17이라고 표시되어 있으므로 17번의 답은 (C)다. 가장 높은 막대 그래프는 개이므로 18번의 답은 (A)다.
Words and Phrases hamster 햄스터

[19-20]

> Table Manners in America
>
> 1. Wait until others take their seats.
> 2. Put your napkin on your lap.
> 3. Ask others to pass the food.
> 4. Don't chew with your mouth open.
> 5. Say 'excuse me' before you leave the table.

19. Where do Americans put their napkins?
   (A) on their laps
   (B) on their faces
   (C) on their hands
   (D) on their hips

20. What do Americans say before they leave the table?
   (A) Hello.
   (B) Thank you.
   (C) Excuse me.
   (D) Goodbye.

해석

> 미국의 식사 예절
>
> 1. 다른 사람들이 앉을 때까지 기다린다.
> 2. 냅킨을 무릎에 올린다.
> 3. 다른 사람에게 음식을 전해 달라고 부탁한다.
> 4. 입을 벌리고 (음식을) 씹지 않는다.
> 5. 자리를 비우기 전에 'excuse me' (실례합니다)라고 말한다.

19. 미국 사람은 냅킨을 어디에 놓나요?
   (A) 무릎에
   (B) 얼굴에
   (C) 손에
   (D) 엉덩이에

20. 미국 사람들은 자리를 비우기 전에 무엇을 말하나요?
   (A) 안녕하세요.
   (B) 고맙습니다.
   (C) 실례합니다.
   (D) 안녕히 가세요.

풀이 무릎 위에 냅킨을 올린다고 했으므로 19번의 정답은 (A)다. 자리를 비우기 전에 "excuse me"라고 말한다고 했으므로 20번의 답은 (C)다.
Words and Phrases table manner 식사 예법 until …(때)까지 take a seat 자리에 앉다, 앉다 lap 무릎 (자리에 앉았을 때 양 다리 위의 넙적한 부분에 해당하는) chew (음식을) 씹다, 물어뜯다 pass 지나가다, 통과하다, 건네주다, 합격하다; 합격, (공의) 패스, 탑승권 leave the table 식탁을 떠나다, 자리를 비우다

Part D. General Reading and Retelling (p.129)

[21-22]

> A spider lays little white eggs. The eggs wait all winter. In the spring, baby spiders come out of the eggs. They climb up trees and walls. The wind comes and blows the spiders like little balloons. The wind carries the spiders far. When they land, each spider makes a new home.

21. When do the baby spiders climb walls?
   (A) spring
   (B) summer
   (C) autumn
   (D) winter

22. How do the baby spiders travel far from their nest?

(A) by riding the wind
(B) by walking
(C) by riding a balloon
(D) by riding their mother's back

해석

거미는 하얗고 작은 알들을 낳는다. 알들은 겨울 내내 기다린다. 봄이 되면 새끼 거미들은 알에서 나온다. 그들은 나무와 벽을 올라간다. 바람이 오고 바람은 작은 풍선처럼 새끼 거미들을 날려버린다. 바람은 거미를 먼 곳까지 옮긴다. 각각의 거미들은 떨어지면 새로운 곳에서 정착한다.

21. 새끼 거미들은 언제 벽을 올라가나요?
(A) 봄
(B) 여름
(C) 가을
(D) 겨울

22. 새끼 거미들은 어떻게 둥지로부터 멀리 이동하나요?
(A) 바람을 타고
(B) 걸어서
(C) 풍선을 타고
(D) 엄마 (거미)의 등을 타고

풀이 새끼 거미들은 봄에 알에서 부화하여 나무나 벽을 오른다고 했으므로 21번의 정답은 (A)다. 바람이 새끼 거미들을 먼 곳으로 보낸다고 했으므로 22번의 정답은 (A)다.

Words and Phrases lay (살며시) 놓다, 깔다, (알을) 낳다 come out of …에서 나오다 climb 오르다, 올라가다 blow 바람이 불다, 날리다 carry 운반하다, 들고(갖고, 지고, 업고) 가다, 소지하다 land 땅; 착륙하다, 도착하다, 떨어지다 far 멀리

[23-24]

I have a new baby brother, Liam. He came home from the hospital last month. When he cries, I smile at him. Then, he stops crying. Sometimes I play with him. I hold a little elephant toy in front of him and make it dance. He always laughs.

23. When did the baby come home?
(A) today
(B) yesterday
(C) last week
(D) last month

24. What makes the baby laugh?
(A) a toy
(B) a book
(C) a smile
(D) a blanket

해석

나는 새로운 남동생 Liam이 생겼다. 그는 지난달 병원에서 집으로 왔다. 그가 울 때면, 나는 남동생에게 미소 짓는다. 그러면 그는 울음을 멈춘다. 때때로 나는 그와 함께 논다. 나는 그의 앞에 작은 코끼리 인형을 놓고 춤추게 한다. 그는 항상 웃는다.

23. 아기는 집에 언제 왔나요?
(A) 오늘
(B) 어제
(C) 지난 주
(D) 지난 달

24. 무엇이 아기를 웃게 하나요?
(A) 장난감
(B) 책
(C) 미소
(D) 담요

풀이 아기는 지난 달에 병원에서 집으로 왔다고 했으므로 23번의 정답은 (D)다. 글쓴이가 코끼리 장난감 인형을 춤추게 하면 남동생이 웃는다고 했으므로 24번의 정답은 (A)다.

Words and Phrases smile 웃다, 미소 짓다; 미소 sometimes 때때로, 가끔 always 항상, 언제나 laugh 웃다; 웃음(소리) today 오늘, 오늘날(에), 현재 yesterday 어제 blanket 담요

[25-26]

My class visited a dairy farm. We learned that cows give us milk, butter, and cheese. In the morning and evening the cows are taken to the milking house. We watched how cows give us milk in the milking house. After that, we helped the rancher move the cows back to the field.

25. How often are the cows milked?
(A) once a day
(B) twice a day
(C) three times a day
(D) four times a day

26. How did the class help the rancher?
(A) They fed the cows.
(B) They milked the cows.
(C) They watched the cows.
(D) They helped move the cows.

해석

우리 반은 낙농 농장을 방문했다. 우리는 젖소가 우유, 버터, 치즈를 준다는 것을 배웠다. 아침과 저녁에 젖소들은 우유를 짜는 곳으로 옮겨진다. 우리는 우유를 짜는 곳에서 어떻게 젖소가 우리에게 우유를 주는지 보았다. 그 후에, 우리는 목장 주인을 도와 젖소들을 들판으로 돌려보냈다.

25. 얼마나 자주 젖소들을 우유를 짜나요?
(A) 하루에 한 번
(B) 하루에 두 번
(C) 하루에 세 번

(D) 하루에 네 번

26. 반(학생들)은 어떻게 목장 주인을 도왔나요?

(A) 젖소에게 먹이를 주었다.

(B) 젖소의 우유를 짰다.

(C) 젖소를 지켜보았다.

(D) 젖소를 이동시키는 것을 도와줬다.

풀이 아침과 저녁에 우유를 짠다고 했으므로 25번의 정답은 (B)다. 학생들이 목장 주인을 도와 젖소들을 들판으로 돌려보냈으므로 26번의 정답은 (D)다.

Words and Phrases dairy farm 낙농 목장 learn 배우다, 학습하다 milk 우유, 우유를 짜다 rancher 목장 주인 back to 원래의 (도로) …에 feed (fed의 현재형) 먹이다, 먹이를 주다

[27-28]

Snakes are animals with long bodies. They do not have legs or arms. Snakes live in holes in the ground or under rocks. You can see snakes on hot sunny days. They like to lie in the sun. Every winter, snakes go to sleep for a long time. In other words, they "hibernate." Snakes are interesting animals.

27. Where do snakes like to lie?

(A) under rocks

(B) under trees

(C) **in the sun**

(D) in the ground

28. What does the word "hibernate" mean?

(A) Animals move to another place in winter.

(B) Animals sleep during the day.

(C) Animals sleep during summers.

(D) **Animals sleep for the whole winter.**

해석

뱀은 긴 몸을 가진 동물이다. 그들은 다리나 팔이 없다. 뱀은 땅이나 바위 아래 구덩이에서 산다. 뜨겁고 햇살이 밝은 날에는 뱀을 볼 수 있다. 그들은 태양 아래 누워있는 것을 좋아한다. 뱀들은 겨울마다 긴 시간 동안 잔다. 다시 말해서 겨울잠을 잔다. 뱀은 흥미로운 동물이다.

27. 뱀들은 어디에 누워있는 것을 좋아하나요?

(A) 바위 아래

(B) 나무 아래

(C) 햇볕에

(D) 땅에

28. 'hibernate'는 무슨 뜻인가요?

(A) 동물들이 겨울에 다른 곳으로 이동한다.

(B) 동물들이 낮에 잠을 잔다.

(C) 동물들이 여름에 잠을 잔다.

(D) 동물들이 겨울 내내 잠을 잔다.

풀이 뱀들이 낮에 햇볕에 누워있는 것을 좋아한다고 했으므로 27번의 정답은 (C)다. 겨울마다 뱀들이 긴 시간 동안 잠을 잔다고 하는 것을 겨울잠을 잔다고 다시 정의했으므로 28번의 정답은 (D)다.

Words and Phrases hole 구덩이, 구멍, 허점; 구멍을 내다 ground 땅바닥, 지면, 땅, 공터 lie 누워 있다, 눕다; 거짓말하다, 거짓말 for a long time 오랫동안, 장기간 hibernate 겨

울잠을 자다, 동면하다 interesting 재미있는, 흥미로운 another 또 하나(의), 더, 또, 다른; 다른 사람 whole 전체(전부)의, 모든, 온전한; 전체

[29-30]

On Sunday, my family had a picnic in the park. My mom spread a picnic blanket on the ground. My dad and my brothers played baseball. I watched a family of ducks in the pond. I saw a rabbit sitting under a tree. My mom gave everyone sandwiches and lemonade. After lunch, I went to sleep on the grass.

29. What did the writer's father and brothers do?

(A) go to sleep

(B) **play baseball**

(C) feed the rabbit

(D) watch the ducks

30. Where did the family have a picnic?

(A) **in the park**

(B) in the playground

(C) on a rooftop garden

(D) on the beach

해석

일요일에 우리 가족은 공원에 소풍을 갔다. 우리 엄마는 땅바닥에 피크닉 담요를 깔았다. 아빠와 형/오빠/남동생들은 야구를 했다. 나는 연못에 있는 오리 가족을 구경했다. 나무 아래 앉아 있는 토끼도 보았다. 엄마는 모두에게 샌드위치와 레모네이드를 주셨다. 점심을 먹은 후에, 나는 풀밭에서 잠을 잤다.

29. 글쓴이의 아빠와 형/오빠/남동생들은 무엇을 했나요?

(A) 잠들기

(B) 야구하기

(C) 토끼에게 먹이 주기

(D) 오리 보기

30. 가족은 어디로 소풍을 갔나요?

(A) 공원으로

(B) 놀이터로

(C) 옥상 정원으로

(D) 해변으로

풀이 글쓴이의 아빠와 형/오빠/남동생들이 야구를 했다고 했으므로 29번의 정답은 (B)다. 가족이 공원으로 소풍을 갔으므로 30번의 정답은 (A)다.

Words and Phrases spread 펼치다, 벌리다, (소문을) 퍼뜨리다; 확산, 전파 blanket 담요 ground 땅바닥, 지면, 땅, 공터 lemonade 레모네이드 grass 풀, 잔디 feed (fed의 현재형) 먹이다, 먹이를 주다 playground 놀이터, 운동장 rooftop 옥상 garden 뜰, 정원

국제토셀위원회

TOSEL®
예상문제집

BASIC